Krisenmodus

Zwischen Selbstfindung und Angst

Von Michael Riedel

AF200667

Michael Riedel
Bülowstr. 152
45479 Mülheim an d

Umsatzsteuer-Identifikationsnummer

gemäß § 27a Umsatzsteuergesetz:

DE253532036

Rechtliche Angaben

Vertretungsberechtigte Geschäftsführer:
Michael Riedel

Registergericht: Mülheim an der Ruhr

Inhaltlich Verantwortlicher gemäß § 55
Abs. 2 RStV:
Michael Riedel (Anschrift wie oben)
Der Datenschutzbeauftragte des
Verantwortlichen ist:

ETL – Meyer Hütte & Kollegen
Steuerberatungsgesellschaft
Marienstr. 11
04509 Delitzsch

Vorwort

Stellen wir uns die Zeit vor.

Einen einzigen Moment, einen Augenblick. Was bleibt davon über. Wenn wir fassungslos davor stehen und versuchen diesen Moment zu greifen?

Sie denken, Momente wären ein Teil vom Glück? Ich denke, Sind der Bruchteil der Bruchteil von Zeit. Glück ist die Zeit den Moment zu begreifen.

Nehmen wir uns die Zeit. Begeben Sie sich mit mir gemeinsam auf die Reise in die Unsichtbare Welt der Gedanken. Einer Zeit, in der alles passieren kann.

Erkenntnisse des Tages, ein Tag ohne Erkenntnisse und Erfahrungen ist etwas wie Schaum der langsam schwindet. Vorher noch in der Leere hoch auflösend.
Allein in dieser Form hier zu schreiben, ist Neuland für mich. Bis jetzt war es eher gedankenschwere Kost a la „Unsichtbare Welt der Gedanken".
Ich werde in den folgenden Zeilen in Auszügen über Sichtweisen berichten.

Einiges wird zum gähnen animieren,
anderes vielleicht interessieren.

Klappentext

Jeder Moment ist anders. Verändert
die persönliche Sicht auf die Dinge.
Jeder Blick sagt die etwas anderes.
Gutes wie Schlechtes. Man sollte die
guten Dinge Möglichst überwiegen
lassen. Zum eigenen Glück und
Zufriedenheit. Fang etwas Neues an
und sei auf der Suche. Bleib niemals
stehen. Der nächste Gedanke, ein
Wanderer zwischen den Welten.

Diese Texte sind Momentaufnahmen
der persönlichen Sichtweise.

3 Uhr Nachts gerade. Das letzte Licht des Tages schmilzt dahin. Sonnenstrahlen spiegeln Vergangenheit. Ich warte auf dich mein schöner neuer Tag. Stellen wir uns die Zeit vor. Einen einzigen Moment um ihn zu greifen. Was bleibt davon über, wenn wir fassungslos davor stehen und versuchen diesen Moment zu begreifen?

Sind ein Teil vom Glück? Ich denke, sind der Bruchteil eines Moments. Zeit, und Glück sind eine wertvolle Gelegenheit den Moment zu greifen.

An einem schwülwarmen Abend im Juni. Ich saß gedankenverloren vor meinem Computer auf de Suche nach meinen Gedanken. Eine arbeitsreiche Zeit lag hinter mir und ließ sich nicht länger fortreden, die Luft war raus. Es gab keine Aussicht auf Veränderung. Es gab keine Aussicht auf Veränderung in der kommenden Zeit. Ich versuchte mir eine Auszeit zu , warf ihren hellen Lichtkegelangönnen, doch wo war sie?

Ich war es gewohnt Gedanken auf Papier zu bannen, die mich beschäftigten. Diesmal beschäftigte mich die Unruhe Die Lampe, die hinter dem Monitor stand, warf ihren Lichtkegel Ich bemerkte, wie ich in sie hinein starrte und ärgerte mich das meine Gedanken zäh waren und af sich warten ließen. Dabei hatte ich mir vorgenommen, eine kleine Geschichte zu schreiben. Aber nichts passierte. Kein Einfall, keine tiefgreifenden Erkenntnisse selbst Erinnerungen bahnten sich nur schwer ihren Weg. Ich verstand nicht, warum das so war und ärgerte mich weiter über meine schlechte Tagesform. Dass dies seinen Grund hatte, erkannte ich erst später. Auf einmal sah ich winzig kleine Gestalten im Schein der Lampe war. Sie bewegten sich unermüdlich und ohne Pause im Licht. So als wäre es der letzte Tag. Später notierte ich mir folgende Gedanken zu diesem seltsam anmutenden Schauspiel.

Eintagsfliege

Gedankenverlorenes Leben im Schein
des grellen Lichts. Augen, die im
dichten Nebel kreisen. Leben die
scheinbar unendlich dauern und in
Sekunden zerrinnen.
Leben die schnell vergehen. Leben die
wahrgenommen werden. Leben die
ertragen werden.

Wie viel Leben passt in einen Tag?
Unscheinbare Kreaturen im Schein
des Augenblicks. Existenz für einen
Tag. Unendliches Spiel im Kreis der
Sonne. Existenz für einen Tag.
Erinnerungen an ein langes Leben.
Gefühle, die nur Stunden dauern.
Leben m Licht ist eine Erfahrung auf
Zeit. Dasein und Abschied lösen nie
ihre ihre eiskalte Verbindung. Dein
Tanz im Schein der Lampe dauerte
eine ganze Nacht kleine Eintagsfliege.
Heute Morgen lagst du Tod auf
meinem Schreibtisch.

Tiefe Nacht. Ich beobachte die Sterne.
Irgendwie heimelig. Es ist wie ein Zelt.
Ein Dach über dem Kopf, ein Zuhause.
Ich erwarte dich du schöner neuer
Tag.

Barden der Neuzeit

Barden der Neuzeit.
Wenn man sich heute die sogenannte
„neue Welt" ansieht, fragt man sich,
wohin sie führen wird.
Gedanken, Ängste oder Weltfrieden,
Unwetterkatastrophen, der moderne
Mensch. Wie wird es sein? Die Natur
bäumt sich auf, der moderne Mensch
landet unter Leistungsdruck und
Zukunftsangst im „Burn
Out" Syndrom. Ein nicht ganz so
gesundes Lebensumfeld, denke ich.
Doch wie geht es weiter? Wie werden
wir mit unseren Ängsten vor der
Zukunft fertig? Wie werden wir mit
den damit verbundenen Ängsten vor
der Zukunft fertig? Ängste, die uns bis
in den Schlaf verfolgen. Wo ist unser
heimatlicher Herd der Ruhe? Ist diese

Ruhe heute eigentlich noch möglich? Oder bestimmt die alltägliche Unruhe unser Leben? Ist Leben in der ständigen Unruhe möglich. Oder entfernen wir uns damit nur vom Leben, kurz bevor wir den Kinderschuhen entwachsen sind? Ist das Leben in der ständigen Unruhe möglich, oder entfernen wir uns damit nur vom Leben?

Was ist Leben? Einige leben für den Beruf, die Karriere, der Achtung von der Außenwelt, für Geld, Macht, oder dem Leben selbst, um sich unbewusst damit abzulenken. Von all dem, was uns eigentlich fehlt. Dinge, die wir nicht benennen können. Dinge, an die wir lieber nicht denken wollen, weil sie vielleicht belasten würden. Dinge, die uns am jetzigen Leben zweifeln lassen würden. Die Augen zu verschließen und sich in den sogenannten Alltagstrott fallen zu lassen, ist oft einfacher, als als die Augen zu öffnen und neue Landschaften des Lebens zu finden. Wie viel Mühe würde es uns kosten, sich selbst und das Leben welches wir führen, zu hinterfragen? Neue Augen zu haben und ganz

normale Dinge an einem normalen
Tag zu entdecken, die ein ganz klein
wenig mehr aus jedem Tag machen.
Die Sonne zu sehen, die hinter den
Wolken scheint. Nein wir
konzentrieren auf die Wolken an
jedem Tag und vergessen, weit hinter
die Wolken zu blicken. Stress, Druck
und jeglicher Alltag verdunkeln den
Blick auf das, was eigentlich vor uns
liegt.
Hier eröffnet sich die Frage für jeden
und fordert eine ganz persönliche
Entscheidung von uns. Will ich neben
mir selbst und all den Anderen
daherleben, am Leben vorbei, oder
möchte ich mit ein wenig Freude im
Herzen all die kleinen Dinge im Leben
wahrnehmen. Dinge, die tagtäglich
unser Herz, unser Innerstes erfreuen
und uns für jeden Tag neu aufbauen
können. Was ist falsch daran, ein Ziel
in der Schönheit des Lebens zu finden.

In einer Zeit, in der viele Menschen an
den täglichen Anforderungen
scheitern. Sich diesen Anforderungen
nicht mehr gewachsen fühlen und sich
in menschliche Ablenkungsmanöver

wie Drogen oder Alkohol, Spielsucht, Extrempartys, und ähnliche Dinge flüchten, wird eigentlich ein leiser Hilferuf hörbar. Ein Hilferuf der sagt, dass wir das Leben nicht mehr verstehen können. Sind wir schon so sehr vom Leben entfernt?

Ganz Abseits vom Lebenswillen IN uns, macht sich ein großes, unverständliches Fragezeichen breit. Doch haben wir gelernt, mit diesem Fragezeichen umgehen zu können? Oder gehen wir einfach nur hoffnungslos geschlagen und am Boden liegend durch die Welt? Kaum aus den Kinderschuhen heraus, haben wir gelernt zu funktionieren, zu bestehen in den Augen der Anderen. Kann man all dieses tief in sich selbst nachvollziehen? Verstehen warum alles so ist? Stellen wir etwa diese Erwartung an uns selbst, aus tiefstem Herzen? Oder funktionieren wir nur, weil andere es so wollen? Weil wir es müssen? Wenn es so ist, wäre dies nicht einengend, Lebensfeindlich? Ist es richtig an jedem Tag die Augen zu verschließen und einfach nur zu funktionieren, oder gibt es ein danach?

In einer Zeit, in der der Glaube an all die neuen Werte langsam in sich zerfällt und sich Fragen stellen, sehen wir immer mehr Menschen auf die alten Werte zurück. Ist der Mensch vielleicht zu modern geworden? Warum macht das moderne Leben den Menschen krank? Sollte der Mensch wirklich ALLES tun was er kann? Oder sollte er Eins sein, mit dem Boden auf dem er lebt?

Die Natur benötigt den Menschen nicht, sie wird weiter leben, aber funktioniert das auch anders herum? Sollte der Mensch vielleicht einen Schritt zurückgehen und wieder nur Mensch sein. Wäre solch ein Quantensprung eigentlich möglich?

Die Zeit wandelt sich. Nicht alles, was neu ist, ist unbedingt auch gut. Mittlerweile hinterfragt er sich, der Mensch. Fragt sich, in welche Richtung wir im Fluss der Zeit schwimmen. In der vergangenen Zeit dachten Philosophen über den Lauf der Dinge nach. Nur wenige verstanden diese Gedankengänge. Sie rätselten über das was war und das, was sein wird. Diesen Weg möchte ich mit diesem Buch bereiten.

Nun führt der Weg wieder durch unbekanntes und doch so vertrautes Gelände. Schatten, sie tauchen auf und verschwinden im Lauf der Zeit, als hätte es ihn nie gegeben. Wird es jemals möglich sein, sie zu fassen und zu halten, ihr verborgenes Gesicht zu entblößen. Wer könnte schon den Anblick der ursprünglichen, eigentlichen Wahrheit ertragen und verstehen? Ist sie nicht viel zu weit vom jetzigen Leben entfernt, oder entfernen wir uns nur vom eigentlichen Leben? Können wir so die Wahrheit erleben? Hühner in der Legebatterie leben auch, doch haben sie wirklich das Leben gesehen? Die Wahrheit, die wir uns selbst erschaffen, ist dehnbar und verschwommen im Augenblick des Betrachters. Die eigenen Tagträume des ungelebten Lebens sind der Baumeister dessen, was wir nicht wir nicht zu erkennen vermögen. Mauern die sich in der Tiefe des Geistes erheben und unerkannt im Schatten leben. Das Selbst verliert seine alte Stimme, die Sinne schwinden. Das Ich ist nur noch ein alter, unvergessener Freund aus der Vergangenheit. Das „Menschliche" wird zur Stolperfalle seines eigenen Ermessens. Die selbst erdachten Welten längst zerstörter Seelen werden laut und suchen nach Anhängern ihrer eigenen Ideologie. Wie in einer Schleife der Zeit durchleben die Menschen ihre Fehler immer wieder aufs Neue.

Selbst ernannte Helden gehen fort und kehren geschlagen wieder zurück, wie Unsterbliche der Geschichte, die sich im Glanz der Menge baden. Wäre das Leben selbst die Wahrheit in seiner reinsten Form, so hätten wir verlernt zu leben. Der Mensch in seiner jetzigen Form kann die Wahrheit weder beeinflussen noch verändern. Der Mensch lebt in der Wahrheit, aber er kann sie nicht zu seinem Eigen machen. Die Wahrheit macht ihn, auch wenn er es nicht merkt. Die Welten bestehen bereits, für den

Menschen kann sich nur die Sichtweise verändern. Dabei scheitert es am Unverständnis seiner eigenen Existenz. In seinem Größenwahn versucht er die Welt zu verändern. Seine Stimme berichtet von der eigenen Wahrheit. Sie schimmert in unendlich vielen Farben am Horizont der menschlichen Wahrnehmungsfähigkeit. Doch was hinter dem Horizont ist, vermag er nicht zu erkennen. Die Unfähigkeit menschlichen Denkens macht ihn träge und faul. Wie Ameisen in der Armee sucht er aus Unvermögen nach einem geistigen Führer. Dieses erspart eigenes Denken. Die Welt kann so herrlich einfach sein. Ich blicke zurück und schau auf den Weg. Die Bäume singen mit unhörbarer Stimme und das Lied des Waldes erklingt. Nun bin ich wieder auf der Suche, gefangen in den Schlingen der Zeit.

Am Anfang einer Reise steht ein Gedanke, der ein mögliches Ziel beschreibt.

Von der Gedankenstruktur ist es erst einmal möglich, jegliches Ziel zu erreichen und sei es noch so entfernt. Doch die Angst vor Misserfolg oder mangelnden Möglichkeiten erstickt bereits den ersten Gedanken an ein neues Ziel. Ein Gedanke kann aber auf einen „neuen Weg" führen, sofern man ihn wahrnimmt und hört. Doch wie oft werden Gedanken ängstlich verworfen, so als dürften sie nicht sein. Warum behandeln wir einen Gedanken. Warum behandeln wir einen Gedanken oftmals als Feind in der Dunkelheit? Wie oft quält uns ein Gedanke Tag für Tag, bis in die Nacht. Manchmal setzen wir alles daran, ihn vor uns selbst zu verbergen. Doch warum? Sollte nicht jeder die Zeit und die Möglichkeit finden sich selbst sich selbst mit seinen eigenen Gedanken zu beschäftigen, diese zu hören, als Stimme aus dem Ich?

Zeitreisender

Nichts kündigt ihn an.

17

Langsam nähert er sich dir aus der Tiefe deines Daseins. Nie hast du ihn bemerkt, doch er war immer da, immer in deiner Nähe. Immer bereit sich mit dir zu treffen und auf höchster Ebene zu einer neuen Vision zu vereinen. Er wohnte in deinem Hirn seit Anbeginn der Zeit. Er wartete in jeder Faser deines Körpers und hüllte dich ein mit seiner Gegenwart. Doch bewusst war es dir nie. Er hat sich entblättert in der Anwesenheit deines Selbst. Doch du sahst nicht hin. Er schlug verzweifelt an die Wände deines geliehenen Körpers. Doch du spürtest es nicht. Er sprach zu dir, redete auf dich ein, wenn es nötig war. Doch du spürtest es nicht. So verkleidete er sich, erschien in deinen Träumen! Er nannte sich Sehnsucht, er nannte sich Hoffnung, er nannte sich Verzweiflung.
Du aber drehtest dich um und schliefst weiter. Nun verlor er seine Gelassenheit und trat gegen dein Hirn. Du, betäubtest deine Kopfschmerzen mit irischem Whiskey. Da gab er auf und ging fort für immer. Ein einsamer,

rastloser Wanderer zwischen den Welten, dein letzter Gedanke.

Da ist er wieder, dein Gedanke

Nun hat er mich eingeholt, jetzt wo ich es am wenigsten erwartet habe. Mein dunkelster, geheimer Gedanke. Ganz unerwartet trifft er auf mich aus dem Nichts. Wo nur kommt er her? Er verwundert mich, bringt mich aus dem Gleichgewicht meiner kleinen Welt. Ich habe ihn ganz sicher nicht eingeladen und nun steht er vor meiner Tür. Es ist wie ein unerwarteter Besuch, doch kommt er ungelegen. Wo soll ich nur hin? Er muss fort, ich muss mich seiner entledigen. Ich will mich verstecken, aber ich fühle mich entdeckt. Gibt es denn keinen Ausweg?
Er fließt in mich ein und durchströmt mein Dasein für Sekunden. Ein sengender Blitz aus dem Nichts, der trifft und verbrennt. Ich verharre still und meine Füße verbrennen. Nun steht er vor mir und umarmt mich mit

eisernen Fängen. Das atmen fällt
schwer und eine Erinnerung wird
wach. Seine Stimme erschallt , meine
Beine werden schwach. Worte, die ich
nie hören wollte, fressen sich in mein
letztes Heim. Da ist er wieder, der
Gedanke. Jetzt flüstert er mir leise zu,
warum hast du nie die Wahrheit
gesagt? Das Leben hat unerwartet
dunkle Ecken für uns parat. Meist
kommt es dann, wenn man es am
wenigsten erwartet. Verwirrt steht
man steht man vor dieser neuen
Situation und versucht sie zu meistern,
doch eigentlich weiß man nicht recht
wie. Doch manchmal hat man auch
nur die Wahl zwischen Überleben und
Untergehen zu wählen. Wir wünschen
uns jemand anderes zu sein, als der,
der wir eigentlich sind. Doch unsere
Seele hat nur einen einzigen Wunsch
und bleibt sich treu. Sie möchte zu
dem werden, was sie eigentlich ist.

Verlorene Jahre

Du fühlst dich unerkannt und anonym in deinen Gedanken. Du lachst, wenn du die Menschen siehst. Was können sie dir schon tun? Du bist sicher in deinem Haus, hinter einer Mauer aus Schweigen. Niemand wird dich dort finden, du genießt die Einsamkeit deiner Zeit.
Was wird man sagen? Was wird man sich denken? Was interessiert es dich? Denn keiner sieht dich in deiner Welt aus Pappmaché. Du bist der König deines selbst erschaffenen Reiches. Die geheimsten Wünsche werden zum Gesetz deines Selbst. Die Erfüllung wird zum Inhalt deines Lebens und du tust alles, um sie dir zu ermöglichen. Du machst Karriere und wirst berühmt. Du kaufst dir ein Leben aus Glanz, Luxus, Unternehmen und Eigentum. Es fehlt dir an nichts, selbst die Freundlichkeit der Menschen kannst du dir kaufen. Auch wenn du tobst und schreist, dich unfair verhältst, man lächelt dich an. Du hast eine Frau und drei Kinder, sie leben und vermissen dich. Auch wenn sie

dich nur selten sehen. Auch wenn sie dich nur selten sehen, selbst wenn du auch dann keine Zeit für sie hast, verzeihen sie dir und möchten dein Handeln verstehen. Dabei beachtet du sie kaum, denn du hast sehr viel zu tun! Für die alten Tage willst du vorsorgen. Die Familie möchte das doch bitte verstehen! Doch deine Kinder erkennen dich mehr. Du flüchtest dich in Arbeit und tötest deine Gedanken und die wenigen Erinnerungen an gemeinsame Tage, dass was man einmal Leben nannte. Ruhm, Erfolg und Karriere sind halt sehr labile Parameter. Was heute ist, muss morgen nicht sein. Heute im Glanz der Sonne, morgen ein Abstellplatz im Untergeschoss. Heute ein Nadelstreifenanzug und morgen fehlt dir das Geld für eine warme Mahlzeit.

Das Leben in der modernen Zeit, ein ständiges Streben nach Macht, Geld und Ruhm. Dabei könnte das Leben so viel Schönes bieten. Wann hast du zum letzten mal einen Wald, die Natur wahrgenommen? So verlierst du selbst das, was einmal dein Lebensinhalt war, deinen Posten in der Chefetage. Hast du nicht gewusst, dass Erfolg, Macht und Ruhm nicht von Dauer sind? Dein Haar ist Grau und Lang geworden. Du sitzt in der Fußgängerpassage und fragst die Passanten mit wirren Worten, wo deine Familie geblieben ist. Du erzählst von deiner Trauer und wie sehr du deine Familie vermisst. Du vergießt Tränen, die über deinen verschlissenen Maßanzug fließen. Allein das Etikett deines Anzugs hatte deinen damaligen Untergebenen großen Respekt eingeflößt. Denn der Anzug kostete drei ihrer Monatslöhne und deine begehbare Schrankwand war voll davon. Im letzten Sommer hattest du einen großen Teil davon einmotten lassen. Du hattest einfach zu viele davon. Nun sitzt du da du erinnerst dich an die fernen Tage. Wo sind sie geblieben? Hast du nicht jeden Tag gelebt, als wenn es der letzte wäre? Hattest du ihnen nicht fest versprochen, im nächsten Jahr nehme ich mir mehr Zeit für euch? All die Jahre hindurch? Wo waren sie nun geblieben, diese Jahre? Du fragst dich immer wieder, warum sind sie gegangen? Du hast doch alles für sie getan. Und im nächsten Jahrwolltest du bei ihnen bleiben. Warum sind sie nun nicht mehr für mich da?

Es regnet und der Wind wird stürmisch. Der Himmel ist dunkel und es ist kalt und ungemütlich. Nässe die in deinen Nobelanzug dringt. Die Fußgänger laufen immer schneller durch die Passage. Nach Hause, in die geborgene Umgebung. Dahin, wo jeder sich heimisch fühlt. Dorthin wo ihn Wärme empfängt und durch die kalte Zeit trägt. Er sitzt nun allein in der Passage. sie ist Einsam und menschenleer. Seine Gedanken werden kalt und erfrieren, der Wind wird stärker. Dorthin wo ihn die Wärme empfängt und durch die kalte Zeit trägt.

Abwesend ist sein Blick auf eine grelle und aufdringliche Fensterreklame gerichtet. Das Braune in seinen tränenden Augen bewegt sich nicht. Das Lichterspiel der Reklame zaubert immer neue Farben und reflektiert sich in seinen Pupillen. Die Lautsprecher über dem Eingang geben monoton den gleichen Satz wieder: „Erfüllen sie sich hier ihren Lebenstraum". Doch der Mann im zerschlissenen Nobelanzug hörte es nicht mehr. Er blickte starr in den Himmel und wiederholte immer nur die Worte: „Einen Tag gegen ein ganzes Leben". Nur noch einen Tag Zeit, um das erste mal im Leben einen wirklichen Freund zu sein. Für manche Aufgaben scheint das Leben einfach zu kurz. Die Lichter der Leuchtreklame erloschen irgendwann. Die Stimme aus dem Lautsprecher verstummte. Aus dem Regen wurde ein wahrer Wolkenbruch und die Worte des Mannes waren nie mehr zu hören.

Was ist schon Zeit?

Ein halbes Leben haben wir gedacht. Doch auf einmal werden Tage, Wochen und Jahre kürzer und manch einer fragt sich, wo die Zeit geblieben ist.
Ist Zeit nun doch etwas, welche wir nicht unendlich zur Verfügung haben? Oder ist die Zeit nur ein rastloser

Wanderer zwischen den Welten,
unruhig wie der Pendel einer Uhr?
Etwas, das wir nie verstehen werden.

Wer bist du?

Wer bist du, wenn die Sonne früh am
Morgen ihre erste Wärme schenkt?
Wer bist du, wenn du morgens in den
Spiegel schaust? Wer bist du, wenn du
ihr den flüchtigen Abschiedskuss auf
die Wange drückst?
Wer bist du, wenn du dich durch das
Verkehrchaos drängst? Wer bist du,
wenn du im Stau fluchst und schreist?
Wer bist du, wenn du dich dort
benimmst wie ein wilder Eber im
Wald?
Wer bist du, wenn dein Chef dich
nieder macht, weil du wieder zu spät
kamst?
Wer bist du, wenn du deinen
Untergebenen das Leben schwer
machst?
Wer bist du, wenn du wieder einmal
nicht befördert wurdest und dich
fragst warum?
Wer bist du, wenn du in der Pause im
Stadtpark spazieren gehst und achtlos
nach Tauben trittst?

Wer bist du, wenn du dort nach Gedanken gefangen die Natur nicht mehr sehen kannst?

Wer bist du, wenn du deine Coladose achtlos in die Blumen wirfst?

Wer bist du, wenn du versuchst dich zielstrebig nach oben zu arbeiten, um mehr Machst zu haben?

Wer bist du, wenn du dabei über Leichen gehst? Wer bist du, wenn deine Kollegen dich hassen?

Wer bist du, wenn du abends in der Kneipe wieder der größte bist?

Wer bist du, wenn du laut singend Lokalrunden gibst? Wer bist du, wenn deine Frau dich nach Hause tragen muss, weil du selbst nicht mehr gehen kannst?

Wenn der erste Herzinfarkt dich niederstreckt und du hilflos bist, wer bist du dann?

Wenn du siehst, das Leben schwindet unaufhaltsam, wer bist du dann?

Wenn deine Freunde dich verlassen, weil du keine Macht mehr über sie hast, wer bist du dann?

Hast du dich jemals gefragt, welche Rolle du in deinem Leben spielst?

Ist dein Leben ein Bühnenstück in
unermüdlich vielen Theatern?
Wolltest du wirklich ein Schauspieler
deiner Zeit auf Erden sein?

Der funktionierende Mensch

Der moderne Mensch dirigiert sein
Leben selbst. Der moderne Mensch
erfüllt sich seine Träume und
Wünsche selber. Der moderne Mensch
hat die vollständige Macht über sein
Leben. Der moderne Mensch lebt
SEIN Leben.
Der moderne Mensch hat seinen
eigenen Willen. Der moderne Mensch
ist Herr über Himmel und Erde. Der

moderne Mensch macht sich die Erde
untertan.
Denkt ER!

So lebt er sein Leben und meint es zu
dirigieren. Doch er bemerkt nicht, in
Wirklichkeit Dirigiert zu werden. Seit
Kindesbeinen vermutlich in die
richtige Richtung geschubst aus
Fürsorge und gutem Gedanken. Selbst
der allererste Schritt findet
bemerkenswert oft an der Hand eines
Führenden statt, der meint, dass es
jetzt an der Zeit wäre, den ersten
Schritt zu tun. Der kleine Mensch
wird noch oft in seinem Leben auf
Führer treffen Wie gut, dass der
kleine Mensch davon noch nichts ahnt.
Er lernt das selbstständige Laufen und
schreitet mit traumwandlerischer
Sicherheit auf dem Pfad des Lebens.
Dabei achtet der kleine Mensch auf
alle Vorgaben, Gebote und Verbote,
Ordnung muss sein, wenn man sich
Wünsche im Leben erfüllen will. Eine
große Hilfe dabei ist der natürliche
Führer des Augenblicks. Er wechselt
ständig seine Namen, aber seine Rolle
bleibt die gleiche. So sagt er an, wie

die Ordnung des jungen Lebens
auszusehen hat. So lernt der kleine
Mensch was Gut und Böse ist, wie er
sich zu verhalten hat, wie er
auszusehen hat, was er anziehen soll
und wann er in die Schule zu gehen
hat

Das Ganze wird gemeinhin als
Erziehung erkannt und man kann sich
glücklich schätzen, dass es Führer gibt,
die das Denken des kleinen Menschen
übernehmen. Doch das Verlangen
nach Unabhängigkeit und eigenem
Gedankengut ist irgendwo noch in den
Gedanken des jungen Lebens
verborgen. Später als Teenager
erfährt er dann seinen ersten
Eindruck von der persönlichen
Unabhängigkeit. Gewisse Freiräume
des Führers ermöglichen, erste Wege
der Unabhängigkeit zu gehen. So löst
er sich von seinem ersten Führer und
geht einen vermutlichen Schritt in die
Freiheit. Doch sie gefällt ihm nicht.
Unbemerkt macht sich ein neuer
Führer in seinem Leben breit. Der
junge, jugendliche Mensch muss sich
für Richtungen und Meinungen
Anderer entscheiden, wenn er dazu

gehören will. Das Gruppensyndrom gräbt sich in seine Gedanken. Zu wem will er gehören, wenn er dazu gehören will, um nicht allein dazustehen? Dazu gehören, nicht allein sein wird zu Motor seines Handelns. Wieder nimmt ein neuer Führer seine Hand und zeigt den neuen Weg. Der neue, junge Mensch ergibt sich dem allgemeinen Pfad. Was für alle gut ist, kann für ihn nicht schlecht sein, oder? Allein dastehen, mit sich und seinen Gedanken, wer möchte das schon? Seine Träume und Wünsche dem neuen Führer angepasst, begibt sich der neue, junge Mensch in die Anonymität der Masse. Doch der junge Mensch wird älter und die Hoffnungen auf Freiheit der eigenen Gedanken werden ins Erwachsen-Sein gedrängt. So wird er also Erwachsen und erhofft sich vollständige Macht über sein Leben.

Das Leben hat es gut gemeint und er hat einen hochdekorierten Posten im größten Unternehmen der Stadt. Er lebt im Luxus und kann sich alles erlauben. Geld spielt keine Rolle, das ist wahre Unabhängigkeit. Wie lang hat er darauf gewartet. Er lebt mit seiner Frau und den zwei Kindern im besten Viertel der Stadt und braucht sich um nichts zu sorgen, das Leben ist wunderbar. Der Job lässt leider nicht viel Zeit für das Leben danach, aber wer will sich schon beklagen. Sie haben alles was sie brauchen.

Bald beginnt die schönste Zeit des Jahres und es wird Sommer, der lang ersehnte Urlaub zusammen mit der geliebten Familie steht bevor. Leider sind es mal wieder die unglücklichen Zufälle des Lebens, die alle Träume und Wünsche zunichte machen. Dringende Angelegenheiten in der Firma, die sich nicht verschieben lassen. Nicht nur der langersehnte Urlaub, auch die Träume von Unabhängigkeit wurden verschoben. Wirkliche Macht über sein Leben zu haben, ist gar nicht so einfach. Der Urlaub ist ins Wasser gefallen und die Firma hält den neuen Erwachsenen fest in den Armen. Die freie Zeit mit den geliebten Menschen auf ein Minimum beschränkt, auch die eigenen Gedanken hat er lang schon nicht mehr gehört. So versucht er nun SEIN LEBEN zu leben, wenigstens am Ende der Woche. Eine lustige Runde nach dem Kegelabend im größten Biergarten der Stadt. Endlich ein entspannter Abend, das Lachen will nicht enden und nach einigen Gläsern. Er hatte lange nicht mehr so sehr gelebt. Doch die neue Woche begann und darauf folgte die Ernüchterung.

Ein Zitat ins Büro des Vorstandes.

Man war über den bierseeligen Abend seiner Kegelrunde gut informiert. Derartiges Auftreten der Mitarbeiter schadet dem hohen Ansehen der Firma und wird nicht geduldet. Man werde personelle Konsequenzen treffen, sollte so etwas noch einmal passieren. So lebt der junge Erwachsene weiter sein eigenes Leben. Doch was ist mit seinem eigenen Willen. Die innere Stimme nagt unbewusst an seinem Inneren. Die Firma, in der er einen hochbezahlten Posten besitzt, baut die zurzeit modernsten Flugzeuge der Welt. Ihr

Slogan: „WIR sind Herr über Himmel und Erde. Um wenigstens der Familie den nächsten Urlaub zu retten, schickt er sie allein ins schöne Wochenendhaus in den Bergen.
Der Flug sollte nur eine Stunde dauern und er hatte VIP Plätze in eine Maschine seiner Firma bestellt. Alle hatten sich sehr darauf gefreut. Doch sie kam nie an. Viel später stellte man fest, dass ein simpler Produktionsfehler zu dem Absturz geführt hatte. Damals verlor er vor Verzweiflung fast den Verstand. Die Trauer war übergroß und der Schmerz zwang ihn für lange Zeit in die Knie. Er erinnerte sich an die Worte seines Großvaters: „Junge, geh raus in die Natur und mach dir die Erde untertan". So kündigte er seinen begehrten Posten, nahm alles Ersparte und kaufte ein Stück Land direkt an der Biegung eines seichten Baches. Er rodete und machte das Land bewohnbar. Er baute eine einfache Hütte aus Holz Hier wollte er in der Ruhe der Natur und seiner Selbst seinen Lebensabend verbringen. Er dachte nach über die Freiheit des

Seins. Er ging all seine begangenen Wege in seinen Träumen ein zweites mal und suchte nach den Dingen, die er nie fand. Eine Stimme die sich Vergangenheit nannte, führte ihn an den Ort der Einsamkeit. So sah er zum ersten mal in seinem Leben der Ort der Einzigartigkeit, den Ort, an dem Gedanken ihren Ursprung haben.

Eines Nachts trat der Bach über seine Ufer und wurde zum Fluss, überschwemmte das Land. Man sagte, das Klima in der ganzen Welt verändert sich, aber er wurde nicht mehr wach. Und der Mensch macht sich nicht die Erde Untertan. Der moderne Mensch ist nicht einmal Herr seines eigenen Lebens, denn er hat aufgehört, die Stimme seiner Vergangenheit zu hören. Es ist wie ein aufhören zu leben, noch bevor die Zeit endet. Ein weglaufen vor der eigenen Stimme des Lebens. Hat dein Führer dir diese Stimme schon in der Kindheit verboten? Mancheiner blickt auf sein Leben zurück und stellt fest, das es noch sehr viele Lücken gibt. Hatte man nicht noch so viel vor, so

viele Wünsche und Träume? All diese
wollte man erreichen. Doch dann
fließt der Alltag dahin, die Zeit
vergeht wie Honig in der warmen
Hand und man stellt erschrocken fest,
die Zeit reicht nicht mehr. Was hat
man all die Jahre getan? Warum hat
man sich seine Wünsche nicht erfüllt?
Sie waren doch eigentlich ganz klein
und einfach, leicht zu erreichen.
Verschenkt man zu viel Zeit im Leben?
Jahre, die vergehen wie das Laub im
Wind. Tage aneinander gereiht, wie
Perlen an einer Kette. Irgendwann
ähneln sie sich wie ein Ei dem anderen.
Wir dachten, wir hätten noch ewig
Zeit unsere gemeinsamen Träume zu
verwirklichen und kümmerten uns um
unsere eigenen Ziele. Unsere
Gemeinsamkeit wurde auf die
wenigen Stunden am Wochenende
verschoben. Aber das war nicht weiter
schlimm, denn wir hatten ja noch so
viel Zeit. Irgendwann setzte man sich
mit dem Thema Alter,
Todauseinander und stellte plötzlich
fest, für all das, was man noch
gemeinsam tun wollte, bleibt nicht
mehr genügend Zeit. So kam der Tag

an dem wir uns fragten: „Wie ist das nur möglich gewesen?", derart am Leben vorbei zu leben?!

Doch es gab kein zurück...

Von der Einsamkeit der Seele und dem Menschen in der Masse

Es kam die Zeit, als sich der erste Gedanke an den Menschen in seinem Raum erschloss. Die unsichtbare Welt der Vorstellungen, Wünsche und Gedanken konnten sich mit den Ereignissen und Erfahrungen der Zeit verbinden. Die Seele erfuhr die Sichtbarkeit ihrer Selbst. Sie erschuf ein Bild, in dem sich die Zeit spiegelt. Gesichter, die aus Leben bestehen. Der Mensch als Heim seiner Seele erfährt wiederum Schutz durch ihre wärmende Umarmung. Untrennbar miteinander verbunden kann das eine nicht ohne das andere überleben. Die Seele als Vollstrecker der Gedankenbeherbergt das gesammelte, lebende Wissen der Zeit. Sie ist eine schweigende Gefährtin in ihrer ständigen Gegenwart. In der ruhigen, wohltuenden Einsamkeit der Gedanken werden wir uns ihrer Gegenwart bewusst.

Die Seele ist ein guter Zuhörer mit einer leisen Stimme. Im Zuhause der eigenen Gedanken war eine wunderbare Stille. Die Stimme war ruhig und leise, aber deutlich zu verstehen. Es herrschte ein ständiger Austausch von Wissen und Erfahrungen. Die Seele als Begleiter aller Leben war ein guter Ratgeber. Einsamkeit muss nichts negatives sein, sofern die Stimme der Seele noch vernommen wird. Selbstgewollte und gesuchte Einsamkeit lässt den innigen Kontakt mit der Seele zu. Am warmen Herd der Einigkeit mit sich selbst findet der Mensch eine friedvolle Umgebung, in der er sich erholen und wachsen kann.

Im Mittelpunkt seiner eigenen Identität erkennt er seinen Platz im ursprünglichsten aller Gedanken. Die Seele als Schwester aller Gedanken bietet Platz für die Heimkehr ins ewige Netz des Lebens. Unfrieden verhindert den Kontakt mit der Seele füllt unsere Gedanken mit Umgebungslärm. Die Ruhe unserer inneren Stimme wird überlagert von störenden Einflüssen. Der innige Kontakt zu Selbst geht nach und nach verloren. Die Seele als Träger des alten, gesammelten Wissens und Erfahrungen fristet ein Dasein im Dunkel der Missachtung.

Der warme Herd der Verbundenheit mit der Ursprünglichkeit der Gedanken, der Essens des eigenen Ichs steht vor dem letzten Funken. Das alte, innere Zwiegespräch geht verloren und macht einer lähmenden Einsamkeit platz. Wachstum aus Erkenntnissen der Zeit macht Platz für fortwährenden Stillstand des Geistes. Seelen im Strudel der Zeit getrennt von den erdachten Gesichtern des Lebens. Verlorene Schatten in der Dämmerung des Tages. Die Schwellenzeit ist längst überschritten, die Schatten verbinden sich mit der Nacht. Der Mensch ist modern. Der Mensch hat sich selbst aus dem Leben ausgesperrt. So steht er im Winter seiner Zeit vor der Tür seines Hauses. Der wärmende Herd der Verbundenheit brennt weiterhin, doch den Kontakt hat er verloren. Türen, die er selbst erschaffen hat, in der Fehlerhaftigkeit seines Bestrebens. Der Mensch sucht nicht mehr danach, seinen ureigensten Platz im Gewebe des Lebens zu finden. Er verbringt sein Leben damit ständig neue Plätze zu bauen, von denen er glaubt, in ihnen Leben zu finden. Doch Vordergründig sucht er, ohne es zu merken, nach der verstummten Schwester aller Gedanken. Der längst vergessene Ort der Verbundenheit mit dem Leben. Die Einsamkeit der zufriedenen Ruhe im Zwiegespräch mit der Seele wird zur unerträglichen Einsamkeit des unverstandenen Umherirrens. Die leise Stimme des alten Wissens wird zu einer Ahnung aus längst vergangener Zeit. Auch sie kann verblassen. Der moderne Mensch ist ein einsamer Einzelgänger in der Menge geworden. Die unterschwellige Ahnung von Zweisamkeit mit der Seele lässt ihn

Illusionen von Zweisamkeit in der Menge erliegen. Er sucht nach einer geistigen Leitung in der Hoffnung die alte Stimme zu finden. Eine Vielzahl von bereitwilligen aber einsamen Mitläufern untermauert diesen Weg. Gemeinschaftliches Schulterklopfen und Händehalten wird zum wird zum Ersatz für die innigen Umarmung der geknebelten Seele. Kälte die in der Menge heißgeredet wird, ist der Ersatz für den heimeligen Herd des ursprünglichen Ichs. Selbstdarstellung wird der Ersatz für Selbstfindung. Egoismus wird zur treibenden Kraft der Selbstverwirklichung. Der Mensch schließt sich in der Menge aus. Wenn viele schreien, bleibt der Einzelne stumm. In der Anonymität der Masse, bleibt die Einsamkeit des Einzelnen verborgen. Die beglückende Einsamkeit im Hause seiner eigenen Gedanken und die Zwiegespräche mit der eigenen Erinnerung der alten Seele werden ausgetauscht, durch eine Massenhalluzination des modernen Menschen. Der monotone Drang nach Selbstbestätigung und Selbstverwirklichung wird zum modernen Selbstbetrug. Wie kann sich jemand selbst bestätigen, wenn er sich nicht selbst erkennt? Kommt mit der Masse die Bestätigung? Die moderne Angst vor der Einsamkeit macht den Mensch zum Vagabunden seiner Zeit. Ewig auf der Suche ohne eigentliches Ziel. Die Masse bestimmt das Ziel die Masse bestimmt die Richtung und das Denken. Andersdenkende werden geächtet und vegetieren als Eremiten des Lebens dahin. Wie Wanderer aus längst vergangener Zeit. Der Mensch in Abwesenheit seiner Seele hat die Stimme des Lebens verloren. Manchmal teilen sich die Wege des Lebens für Jahre in viele kleine Trampelpfade, die am Ende wieder auf einen Weg treffen. Oft wundert man sich und glaubt, das diese Trampelpfade lästige Umwege seien, die vom eigentlichen Weg ablenken und sinnlose Zeit vergeuden. Doch was ist schon Zeit? Besinne ich mich und blicke auf meinen eigenen Weg zurück, so kommt mir der Gedanke, dass ein großer Teil meines Lebens aus Trampelpfaden besteht. Viele Umwege, die kein eigentliches Ziel

erkennen lassen. So manch einer wird
nun an dieser Stelle Mitleidsgedanken
bei sich entdecken. Doch mir war
schon sehr früh klar, dass all diese
Umwege, mit all ihren versteckten
Pfaden und mit all ihren Ereignissen
und Erfahrungen einen nicht
erkennbaren Weg verfolgen. Einen
sehr persönlichen und einzigartigen
Weg. Jeder Stein, der auf diesen
Trampelpfaden aus dem Weg geräumt
werden musste, hat das Lachen der
Erkenntnis in meine Gesichtszüge
gezaubert. Jeder Stock, der mich auf
den Pfaden fast zu Fall brachte du die
Tränen der Verzweiflung in meine
Augen trieb, lässt eine Erfahrung in
mir zurück. In diesen Erkenntnissen
und Erfahrungen lesen manche wie in
einem Buch aus alter Zeit.
Meine Gedanken und Worte entstehen
aus einem vor langer Zeit gegangenen
Weg. Manchmal überschneiden sich
die Zeitvorstellungen und es ist nicht
mehr klar ersichtlich, wie alt diese
Gedanken nun wirklich sind. Einige
liegen an der Oberfläche
menschlichen Denkens, andere liegen
tief und warm in den Wäldern der

Seele. Wenn diese Gedanken die Oberfläche des Hirns erreichen, hat es oft ein befremdendes Gefühl. Die Innigkeit und die Kraft dieser Gedanken bringt mich für Sekunde aus dem Gleichgewicht und es stellt sich die Frage, woher stammen diese Gedanken, die so fremd wirken, aber doch das eigene Ich umarmen und fast körperlich zu spüren sind.

Sind all diese Trampelpfade eine Reise, um weitaus ältere Erfahrungen des eigenen Ichs zu ergründen und zu verstehen? Stellt diese Reise in gewisser Weise die Verbindung zur eigenen Seele dar? Ist die Seele die lebende Erinnerung an längst vergangene Zeit? Eines sei klar. Erst mit dem Wissen und der Erfahrung einer langen Zeit ist es mir möglich, diese Gedanken in Worte zu fassen. All die seltsamen Trampelpfade des Lebens sorgen für diese Worte Sie hätten vor langer Zeit in dieser Form, nie von mir geschrieben werden können. Es sind sehr tiefe und persönliche Gedanken. Trotzdem wird kaum jemand umhinkommen, sich

selbst darin wieder zu finden, denn
diese Gedanken bestehen aus Leben.
Was ist der Mensch am ersten Tag
seines Lebens?
Was ist er, wenn er geht?
Das Leben eine Zeit zwischen Schall
und Rauch, oder am Ende ein gelebtes
Leben? Eine Anhäufung von
Erinnerungen und
Hinterlassenschaften, oder hat sich am
Ende ein Ziel erfüllt? Der Wunsch
eine bleibende Erinnerung zu
hinterlassen. Oder haben wir nur am
Leben vorbei gelebt und unsere Zeit
auf Erden vergeudet? Ist nicht jedes
Leben ein Teil eines lebendigen
Kreislaufs, dem fast jedes Individuum
angehört? Wer waren wir als wir
kamen, als wir gegangen sind?

Nackt kam der Mensch zur Welt

Es wunderte ihn nicht weiter und er
war für eine lange Zeit sehr zufrieden
und glücklich damit. Die Nacktheit

behinderte ihn in keiner Weise. Sie härtete ihn ab und machte ihn widerstandsfähig, es wurde ihm nicht kalt und machte ihn nicht krank. Die Nacktheit behinderte ihn auch nicht beim jagen und fischen. Er wurde das erfolgreichste Raubtier auf dieser Erde. Doch sah man genau hin, mit klarem Blick, so war der Mensch nicht vollständig nackt. Er war in einen ganz besonderen Stoff gehüllt. Einen Stoff, der ihn sehr glücklich machte. Einen Stoff der ihn mit dem Leben verband. Dieser Stoff hieß Wahrheit vor dem Leben und Ehrlichkeit sich selbst, in einer Verbindung an die alte Zeit. Dieser Mensch lebte nach den Regeln des Lebens, in Einheit mit dem, was ihn hervor gebracht hat. Die Göttlichkeit der Natur zu ehren, nichts Schlechtes zu tun und tapfer zu sein, waren die wichtigsten Grundprinzipien seines Seins. Doch dieser Mensch starb irgendwann aus und er verschwand von dieser Erde. Aber es dauerte nicht lang und eine neue Spezies trat die Nachfolge an. In Andenken an eine große

Vergangenheit auf dieser Erde nannte sie sich, der moderne Mensch.

Der moderne Mensch ist nicht nackt, denn er ist ein Verwandlungskünstler seiner Zeit. Es bedarf keiner Schatten oder Büsche mehr, um bei der Jagt unsichtbar zu sein. Die Natürlichkeit und Sichtbarkeit ist lang nicht mehr gefragt. Der moderne Mensch versteckt sich hinter seiner modernen Fassade und ist unsichtbar, wie nie zuvor. Nie gab es ein Raubtier, das größere Beute machte und mehr Rätsel in dieser Welt hinterließ. Das moderne Raubtier, der Mensch ist nicht mehr nackt, er trägt Kleidung, jeden Tag eine A, darunter ist die Wirklichkeit seines Seins gut verborgen. Du wandelst unter dem Sonnenschein, doch niemand ahnt den verborgenen Schatten. Doch wer möchte diesen schon sehen?
Den modernen Menschen beschäftigt die Jagd nach der geistigen Verblendung. Niemand möchte das Gejagte sehen, wenn der Jäger dermaßen in der Sonne glänzt.

Der moderne Mensch kleidete sich in ein Leinengewand, stand auf und machte sich die Erde Untertan.
Nun unterscheidet er sich deutlich von allem, aus dem er kam. Er ließ seine Heimat und seine Wurzeln weit hinter sich und wurde der Jäger seiner Zeit. Sicher war er sich auch, dass seine Zeit ewig sein würde. Der moderne Mensch jagt schon lange nicht mehr nach Nahrung, nach dem Überleben. Das er überleben würde, war ihm schon lange klar und es gab auch keinen Zweifel daran. Seine Jagt galt den wichtigen Dingen des Lebens und er verfolgte sie gnadenlos und ohne Rücksicht auf Verluste. Eine Hetzjagd gegen die Uhr der Zeit und mit der verborgenen Angst im Nacken, es nicht mehr rechtzeitig zu schaffen.

Im Leben gegen die Zeit wird der Jäger zum Gejagten und merkt es nicht. Die Beute fest geplant, wie Ziele auf der unsichtbaren Liste, macht er sich auf den Weg, die Posaunen, die weit hinten nach ihm rufen, die hört er nicht. So ist er weiter auf der Spurensuche und hechtet nach der selbst gesetzten Beute. Ist sie wirklich selbst gesetzt und bestimmt – ist sie wirklich wichtig für ihn? Oder sagen es die Stimmen, die seit Beginn des Hörvermögens in seinen Geist dringen und sagen : „ Du musst"? Eigentlich bist du doch freundlich auf dieser Erde empfangen worden. Aber nur kurze Zeit danach lerntest du Formeln und Verbote, Richtlinien und Regeln. Dabei wollest du eigentlich raus und die Sonne sehen!

Echo aus der Vergangenheit

Schatten, die das Leben täglich begleiten, unbemerkt und ungesehen. Wie ein Detektiv in der Nacht drehst du dich um und suchst verzweifelt in den Lichtspielen der Stadt. Doch das du kannst nichts erkennen, denn die Wälder des Lebens sind nicht beleuchtet und Schatten verschwinden im Dunkel der Nacht. Woher kommt dieser dunkle, zähflüssige Schleim auf der Seele, der Tag für Tag in deinen

Sinnen rumort? Die schweigende Seele wenn du dich fragst. Das Trommeln ihrer unsichtbaren Fäuste in deinem Hirn, wenn du ruhst.
Was sollst du tun?
Woher kommen sie? Manchmal ist de Antwort zum greifen nah und du reckst deine Arme. Doch enttäuschendes Verblassen macht einer nicht enden wollenden Hoffnungslosigkeit Platz. Nicht erklärbare Ängste fliegen durch die Gedankenstürme deiner Zeit, aber halten kannst du sie nicht. Sie schlagen in deinem Leben ein, wie Kometen auf einen unbekannten Stern. Geduckt rennst du durch dein Leben und versuchst zu entfliehen. Doch Kometen treffen unverhofft und irgendwann bleibst du dann stehen. Große Lieben und Schicksalsschläge und auch Trauer öffnen Augen der Erinnerung. So stand sie vor dir, deine große Angst. Du schaust sie an und erkennst sie tausendmal wieder. Wie eine Schwester hat sie dich begleitet, durch unzählige Leben, die Angst in das Echo der Zeit und bleibt treu und unvergänglich. Du wendest dich ab

und willst fort doch HEUTE werdet
ihr endlich miteinander reden.

Du fragst, man wie sich selbst erkennt?

Einige haben keine Zeit danach zu
suchen, andere laufen im Kreis, viele
sind fast blind, manche schauen nicht
genau hin, die anderen entscheiden
sich nicht, oder neigen dazu den
Wegweiser zu verfehlen, weil Wolken
die Augen verschließen. Es gibt
Menschen, die tun es nie. Du hast aber
alle Möglichkeiten dieser Welt noch
an der Hand. Also warum schließt du
nicht deine Augen und beginnst
wirklich zu sehen?

So erfreut sich der Mensch nun seiner
einzigartigen Individualität. Etwas
Besonderes ist er geworden, etwas
Besonderes in jeder Schöpfung, die er

von jeher falsch verstanden hat. Der große Irrtum begann schon sehr früh vor mehr als 2000 Jahren, als der Mensch sich zu Krone der Schöpfung erhob und sich selbst dazu aufforderte: „Macht euch die Erde Untertan". Das hat er nun getan und zwar mit menschlicher Gründlichkeit. Der Mensch ist Herr über die Wälder, die er nach belieben rodet oder verbrennt. Der Mensch ist Herr über die Tierwelt, die er nach Belieben schlachtet oder in Käfige sperrt. Der Mensch ist auch Herr über sich selbst, seiner eigenen Person. Der Mensch ist ein Individuum, er ist einzigartig.

So hat der Mensch nun die Jahrtausende überlebt und ist gewachsen in seiner eigenen Person. Der Mensch ist modern und fortschrittlich. Der Mensch fliegt nun zum Mond, der Mensch schickt Sonden und Raketen. Der Mensch ist sich selbst sehr wichtig geworden. So nimmt er nun sein Leben in die eigene Hand und bestimmt es selbst. Seit Kindesbeinen treibt ihn eine unbekannte Ruhelosigkeit an, die er mit Gedanken nicht fassen kann. Er wird Rastlos und so beginnt der Streuner unserer modernen Zeit, sein Leben zu planen. Nun plant er seine Karriere, seine Finanzen und seine Reisen. So hat jeder seine eigene Meinung und seine Ansichten darüber, was schön oder wichtig zu sein hat. Die vielfältigen Ansichten und Meinungen der Anderen verunsichern den Menschen jetzt derart, das er beginnt nach links oder rechts zu schauen. Was macht der Andere neben mir, was will er erreichen, Was besitzt er? So kommt es, dass aus dem Individuum Mensch ein Mensch in der Masse geworden ist. Ein Leben lang bemüht der Meinung der Masse Mensch zu entsprechen und nicht aus dieser hervorzustechen, reist er bis ans Ende seiner Zeit. Er arbeitet 12 Stunden pro Tag, er macht Karriere. Er hat Geld wie Heu, Häuser und zweimal im Jahr machte er Reisen zu den schönsten Orten der Welt, „alles inklusive" natürlich. Seine Frau schenkte ihm drei liebe Kinder, leider sah er sie nicht so oft. Aber das würde er später alles nachholen, dachte er.

Dann kam die schwere Krankheit. Und alles wurde anders. Sie schob ihn in einem Rollstuhl durch den Wald. Er war niemals hier gewesen, wo ist die Zeit geblieben? Er dachte nach und sah zurück auf sein Leben. Wer war er gewesen? Er scheint ein Teil des modernen Lebens geworden zu sein, dass der Mensch die Frage nach dem Ich unbewusst erst am Ende seiner Zeit stellt.

Der Mensch hat sich über die Abläufe der Natur erhoben und sich damit von ihr entfernt, er versteht sie nicht mehr. Damit hat der Mensch seine eigentliche Heimat verloren, er entfremdet seine eigene Identität. Die ständige Rastlosigkeit, die ihn begleitet sind Hilferufe der Seele, die noch den Weg in die Heimat kennt. Der moderne Mensch diese Stimme aus der Angst heraus, zwischen zwei Welten zu leben und die Richtung zu verlieren. Dabei hat er dies schon längst getan. Er führt ein Scheinleben am Rande seiner Existenz. Wie oft muss muss sich ein Mensch am Ende eines Lebens fragen:

„War es das schon, wer bin ich
gewesen?"
Wo war mein Platz in diesem Leben?
Welchen Sinn hatte es?

Vielleicht sollte der Mensch sich seiner
Herkunft wieder bewusst werden.
Erkennen, das sein Leben und das der
Natur aus der er stammt, einige
Gemeinsamkeiten haben. Vielleicht
erkennt er dort die Zusammenhänge
und den Sinn des Seins. Vielleicht
sollte der Mensch die Natur wieder an
ihren Platz erheben, der ihr von jeher
zusteht.

Denn die Natur hat den Menschen
gemacht.

Angst verbrennt das Herz

Da bist du nun, schau dich an.
Wolltest du immer so sein? Dein
ganzes Leben hast du erspielt und
ergaunert wie ein Taschendieb der
Zeit. Du hast geblendet und geprahlt
wie ein Schmierenkomödiant des
Lebens. Was hast du bloß gesucht auf
der Gefühlsbühne der Hoffnungen?
Du hast darin gestampft wie in einem
Bottich voller roter Trauben. Hast du
die Hilfeschreie der Suchenden nicht
gehört? Sie waren dir so wichtig,
sagtest du. Bis zu Ende deiner
Aufführung haben sie an deinen
Lippen geklebt. Doch hast du sie
jemals wirklich gehört? Nun
versteckst du dich hinter einem Meer
aus Lügen und verteidigst dein
Manuskript der Weisheit und des
Wissens. Wie nennst du diesen Film?
Ich nenne es Angst vor der eigenen
Identität!

Du bist auf der Suche, doch die Zeit
wird knapp. Im Namen der
menschlichen Anteilnahme verteidigst
du dein Werk bis aufs Blut. Die

Namen tausender, großer und unsterblichen Gedanken benutzt du wie eine Werbetrommel für eigene Unfähigkeit. Ich weiß nicht wie du es nennst, ich nenne es Angst vor dem Versagen. Bis in den Himmel wirfst du sie, die Kunde deiner unglaublichen Leistung. Du bist stark, wissend und erfahren und wandelst zwischen den Welten, Du möchtest Ratgeber, Lehrmeister aller Menschen sein. Du kennst alle Religionen und Glaubensrichtungen und verinnerlichst sie in deiner Person. Du bist ein Universalmensch, das Universum kniet vor dir nieder. Du hast seine größten Geheimnisse erkannt, denkst du. Doch die Welt in der du lebst, wird nie ein Mensch betreten können. Du nennst es Weise. Ich nenne es Angst vor der Realität. Das Auge deiner Schar ist dir gewiss, wieder hängen sie an deinen Lippen. Ihre Bewunderung gibt dir Kraft und verlängert dein Leben.

Der Deckmantel der selbstlosen Hilfe ist weit und lang und säumt deinen Weg. Anerkennung ist der Motor deines Schaffens, wird der Sinn in deinem Leben.

Wie einsam muss man sein, das man sich in das Leben unschuldiger Menschen drängt? Ich nenne es Angst vor Bloßstellung. Freundlichkeit und höfliches Miteinander der Ehrenkodex vor dem Gedankengut des Gegenübers. Uneigennützigkeit im freundschaftlichen Handeln. All das spielst du tagtäglich auf deiner Schaustellerbühne, aber kennen tust du es nicht. Das Raunen der Menge sollte dich fragend machen. Doch dein Lebensmanuskript hält dich zurück. Du nennst es „festhalten" an deinen Prinzipien. Ich nenne es Angst vor dem Erkennen. Warum bist du nicht einfach wie ich, ein unwichtiger, nichtssagender Schreiberling. Wir hätten uns das Fantastische Spiel der Sonne ansehen können, als sie die Nacht als sie die Nacht ablöste und zur Ruhe schickte. Es gibt nicht genug Worte um dieses Schauspiel jemals zu beschreiben. Aber wir hätten es zusammen sehen können. Doch du

bliebst lieber in deiner Welt. Warum,
ist es die Angst vor der eigenen Person?

Du suchst danach das Universum zu
verstehen, doch du hast dich selbst nie
erkannt.

Aus Angst vor dem Leben?

Nichts – als die Wahrheit

Irrlichter, gleißende Gedanken aus
dem Nichts.
Das Nichts, eine unsichtbare Welt, an
der wir vorbeileben, oder der Raum
für längst gelebtes Leben? Platz für
die Summe schon gedachter
Gedanken, oder der Ort, an dem wir
die Wahrheit suchen sollten? Gibt es
die Wahrheit, oder ist sie eine
Erfindung dse Menschen, genau wie
die Zeit? Die Wahrheit als selbst
erdachte Wahrheit?

Das Nichts, jenseits aller
Vorstellungen von Zeit und Raum. Ist
diese unsichtbare Welt für uns
greifbar wie die Wahrheit, oder ist sie
jenseits unserer Realität?
Wer macht die Wahrheit, wir selbst?
Gibt es „meine eigene Wahrheit",
oder ist sie Erklärung für mangelnde
Wahrheit?
War die Wahrheit schon immer da,
oder wir sie durch die Anzahl meiner
Möglichkeiten gelenkt? Besteht die
Wahrheit aus einer Verknüpfung aller
möglichen Gedanken? Warum jetzt
und hier, warum ausgerechnet in
dieser Reihenfolge? Wer strickt die
feinen Zusammenhänge, oder gibt es
einen Ort im menschlichen Hirn, wo
die Gedanken sichtbar gelagert sind?
Wer ordnet ihre Entstehung in dieser
Reihenfolge an? Wenn die unsichtbare
Welt des Nichts, die Heimat aller
gelebten Leben und gedachten
Gedanken wäre, ist unsere Realität
nur eine von allen denkbaren
Möglichkeiten, die ihren Ursprung im
Nichts hat. Es ist, als lebten wir
eigentlich nur einen winzigen Teil der
Wahrheit.

Liegt die Wahrheit dann nicht in der Summe aller denkbaren Möglichkeiten? Doch wie kann der menschliche Verstand dieses unsichtbare Haus der Wahrheit greifen? In Erleben eines unbedeutend kleinen Teil dieser Wahrheit sind wir nicht in der Lage, das Ganze zu verstehen. Das Nichts als Geburtsort aller Gedanken. Wenn sich dort alle Gedachten Gedanken befinden, wenn dort alle gelebten Leben ruhen, kann es dann die Geburtsstätte neuer Möglichkeiten sein?

Und wenn...

Wir gerade heute und jetzt nur eine von unzähligen Möglichkeiten leben, wenn wir nur diese Möglichkeit mit all ihren Fragezeichen in der Lage sind zu verstehen. Wie viele Möglichkeiten brauchen wir, um die Wahrheit zu entdecken? Leben wir mit der Wahrheit Rücken an Rücken, fern jeglicher Möglichkeit das Nichts zu greifen? Oder leben wir in einer Art Symbiose mit der unsichtbaren Welt? Ist unser Weg sogar davon abhängig

vom Wissen all unser Möglichkeiten?
Liegt die Wahrheit letztendlich am
Ende aller gegangenen Wege? So
sollten wir uns glücklich schätzen,
denn unser Sein ist eingebettet in
Wahrheit. Leben entsteht, am Anfang
war der Gedanke. Geflechte aus
Gedanken und Möglichkeiten. Die
Möglichkeit eines neuen Weges wird
zum Meister der Knüpfkunst.
Allein die Möglichkeit, der schon
gedachten Gedanken und gelebten
Leben, lässt unzählbare Kostüme des
Lebens entstehen. Wie Schauspieler
auf einer unsichtbaren Bühne spielen
wir unzählige Möglichkeiten der
Wahrheit durch, ohne sie jedoch
bewusst zu erkennen.
Die unsichtbare Welt des Nichts
scheint eine eigenartige
Anziehungskraft auf den Menschen
auszuüben. Als sei es das Ende seines
Weges, zum Ursprung aller Gedanken
heimzukehren, in den Schoß aller
gelebten Leben. Zurück von der
langen Suche nach endgültiger
Wahrheit in das Heim des Wissens
und Erkennens. Die Unrast der
Menschn entsteht nicht aus der Sucht

nach dem Wohin sondern auf der
Suche nach der Erkenntnis Woher.
Wo war der Mensch, noch bevor der
erste Gedanke an ihn geboren wurde?
Kein Leben entsteht aus dem Nichts,
es muss also ein Davor geben.

Wo war der Gedanke, bevor er
gedacht wurde?1

Heimatliches Nichts, wohliges
Zuhause aller Gedanken und
Geburtsstätte aller Möglichkeiten, in
einer unsichtbaren Welt die Rücken
an Rücken mit unserer Realität liegt
geboren aus dieser unsichtbaren Welt
im Rücken eines Gedankens treten wir
über die Schwelle des Nichts in die
Welt des Greifbaren. Entstanden aus
dem Ursprung aller Sehnsucht. Das
Durchleben der Möglichkeiten, auf
der Suche nach der Wahrheit. Die
Vorahnung begrenzter Möglichkeit
lässt uns nach Auswegen suchen um
das eigentliche Ziel umgehend zu
erreichen. Das Nichts mit all seinen
mit all seinen unzugänglichen
Besitztümern, weckt die Ursehnsüchte

des Menschen in einer Zeit sterbender Intuition. Heimzukehren an den Ort, wo gelebte Gedanken wo gelebte Gedanken in Umarmung des Nichts, all ihre Möglichkeiten zu einer Grundwahrheit verbinden, verwoben von den Meistern den filigranen Meistern der Flechtkunst. Die Wahrheit als Summe aller Möglichkeiten, Gedanken und gelebten Leben. Die Möglichkeiten als Summe aller gegangenen Wege Die gelebten Leben, als Erinnerung an Möglichkeiten. Der Gedanke in der Heimat der unsichtbaren Welt, als Schwelle zwischen Leben und Nichts. Unsichtbare Welt als Ursprung der Wahrheit.

Die Suche nach der Wahrheit ist nichts anderes, als ein Durchforsten und Durchleben aller Möglichkeiten. Im Unvermögen des Menschen, den Ort der Gedanken objektiv wahrzunehmen und seine komplexe Fülle zu erkennen, begleitet ihn die ständige Sehnsucht nach der Vollkommenheit seiner Erkenntnisse. Im unsichtbaren Haus des Wissens liegt der Ursprung aller Gedanken, doch bar aller Möglichkeiten bettet er sich in den kläglichen Versuch einer Wahrheit. Er, der an diesem Ort nicht einmal eines Gedankens wer ist, ist in seiner in seiner nackten Ursprünglichkeit der Wahrheit am nächsten, ohne sie jedoch zu erkennen. Der Weg selbst ist das Ziel, in der Summe aller gelebten Leben, aller gedachten Gedanken, aller möglichen Möglichkeiten. Heimzukehren an den Ort, der vor dem Gedanken liegt, dem Nichts. Ich weiß, dass ich mit diesem Wortspiel gegen alle gültigen Regeln verstoße. Aber was hält mich davon ab?

Es gibt diese Gedanken
Es gibt diese Worte
Es gibt diese Buchstaben.

Warum sollte ich sie nicht zu dieser Möglichkeit anordnen?

Der Tag an dem die Erde starb

Der Sonnenaufgang war wie ein Schauspiel, welches heute zum ersten mal stattfinden sollte. Alle Mitwirkenden waren anwesend, aber es herrschte eine unheimliche Ruhe. Sie sahen zu, wie dieser glühende, feurige Ball weit über dem Horizont aufstieg   uns seinen Platz auf der Bühne des Lebens einnahm. Sie war herrlich anzusehen, diese Sonne. Niemand konnte seinen Blick von ihr nehmen.

Aber etwas war anders als sonst.

Es war fast so, als würde die Sonne trotz ihrer Herrlichkeit keine Wärme verbreiten. Doch ihr Licht drang weit in den grünen Frühlingswald, wollte das Leben erwecken. So wie sie es seit unendlicher Zeit, seit dem ersten Gedanken an das Leben schon tat. Doch der Wald war so still, als wäre er unbewohnt. Uralte Eichen reckten ihre Arme in den Himmel. Ihre sonst so majestätische Anmut wirklte heute fast hilfesuchend. Darunter im

Halbschatten des feuchten Waldbodens explodierte der Farn in satten Schattierungen aus Grün. Viele Jahre sind vergangen, in denen ich dieses Schauspiel beobachtete. Es wirkte immer so freundlich und einladend
Im Schein der Sonne.
Doch heute war etwas anders. Heute wirkte es eher traurig. Ich ging diesen Weg tausendmal. Die Hufe meines Pferdes hatten sich im Boden verewigt und wurden so zum Andenken der Zeit. Wir liebten diesen Wald, wir liebten den Geruch des erdigen Waldbodens, die Berührung des zarten Mooses, wenn der Wind in den Wipfeln der Bäume weht. Oft ritten wir durch den seichten Bach und machten Rast auf der Wiese bei der Lichtung. Liegend im hohen Gras zählte ich die Wolken am Himmel. Manchmal sahen sie aus wie Skulpturen aus Watte, die immer näher kamen, um dann in der Unendlichkeit für immer zu verschwinden. Doch heute war der Himmel fahl und farblos, heute war etwas anders als sonst. Die Sonne

brannte hell am Himmel, kein Blau war zu sehen. Es war überraschend kühl hier im Wald. Es gab keinen Wind, der wehte, es war still. Der Wald schwieg und es lag ein eigenartiger Geruch in der Luft. Fast angewidert schüttelst du deinen riesigen Kopf und deine Graphitgraue Mähne fliegt umher. Wir halten inne, denn unten an der Weggabelung wird es laut. Von weit her sahen wir Wagen mit seltsamen, technischen Gerät auf der Ladefläche durch den Wald fahren. Sie wurden begleitet von Soldaten, die Bewaffnet waren. Die Ereignisse der Vergangenheit kamen mir in den Sinn.

Wie oft bin ich vor dem Wahnsinn dieser Welt in die schützenden Arme von Mutter Natur gelaufen. Wie oft hat sie mich aufgefangen, wenn die Hoffnungslosigkeit mich übermannen wollte. Ich erinnere mich an die sorglosen Kindertage. Wir waren Verbündete des Waldes und verbrachten jede freie Minute des Tages hier. Die Nähe zur unfassbaren Großartigkeit der Natur machte uns zu Königen unseres Reiches. Damals lebte dieses Reich noch in uns und mit uns. Doch heute entfernte es sich, denn irgendetwas war anders als sonst. Der Motorenlärm eines Panzers riss mich aus den Gedanken. Der Wahnsinn der modernen Welt, die seit dem ersten Pulsschlag der Zeit in Frieden lebt.

Die moderne Welt breitet sich aus. Gab es in den Städten nicht mehr genug Platz für Besitz, Macht, Habgier und Neid? Die Welt ist voll von Kriegen, Lügen, Morden und Anschlägen. Selbstgemachte Seuchen, die Mensch und Tier sterben lassen, alles aus mörderischer Profitgier. Geltungssüchtige Vertreter des Volkes schaffen Gesetze, die keinen armen Bettler überleben lassen. Aggression und Hoffnungslosigkeit werden zur treibenden Kraft der belogenen, armen Seele. Menschen, die sich in einen religiösen Wahnsinn treiben lassen, binden sich Bomben um den Laib. Der Geist des modernen Menschen erkrankt und verendet in einem schleichenden Tod. Nicht nur die selbstgemachten Seuchen kosten Menschenleben, auch die unbemerkten. Der Mensch spaltet sich von seinem Geist. Die alte Verbindung zu den Gedanken wird zur Vergangenheit. Die Keime der Modernität zeigen sich in den krankhaften Auswüchsen der Gesellschaft. Der perversen Gier nach höher, weiter, schneller wird zum ganz normalen Alltagswahn. Kein Tag vergeht, ohne dass etwas Neues ausprobiert wird. Verbrechen an Kindern, Vergewaltigung und Mord werden von hochbezahlten Rechtsanwälten Salonfähig gemacht. Geisteskrankheit und Unfähigkeit werden gezüchtet wie Hühner auf der Stange. Wer hat jemals den Satz verbrochen: „Macht euch die Erde untertan?"

Der Mensch macht es mit großer Sorgfältigkeit.

Auf allen Seiten der Grenzen unzählige Versuche mit Hilfe von Chemie und Technik, Herr über Himmel und Erde zu werden, koste es was es wolle. Ein kalter Schauer lief mir über den Rücken und mir fröstelte. Die Karawane von Lastwagen, Soldaten und Panzern ging vorüber und der Lärm wich wieder einer tiefen Stille trieb mein Pferd Murphy zur Eile an. Seit einiger Zeit wusste ich, dass in dem alten Steinbruch tief im Wald Experimente gemacht wurden. Den Menschen im Ort wurde erzählt, dass dort Übungen der Bundeswehr abgehalten werden. Die Menschen sind so leicht ruhig zu stellen.

Wir ritten unseren alten Weg hinab auf der Suche nach unserer Wiese. Es war merkwürdig still, kein Wind bewegte die Blätter der Bäume. Der Farn, der sonst in Frühlingsfrischen Farben leuchtete, wirkte matt und leblos. Die Arme der ehrwürdigen Eichen sengten sich zu Boden wie hoffnungslose Verlierer des Lebens. Der Himmel war ein undurchsichtiger Schleier. Die Sonne strahlte grell und kalt im Nebel. Der erdige, feuchte Boden sah aus wie Asche. Der Wald schien verlassen und ausgestorben.

Die Teppiche aus Moos waren welk und braun. Der Efeu, der eben noch am Stamm der mächtigen Eiche klebte, fiel in den Staub. Der seltsame Gestank wurde stärker. Er schien aus der Richtung des alten Steinbruchs zu kommen. Ich stieg ab und strich über Murphys graue Mähne. Sein riesiger Kopf drehte sich zu mir und ich sah seine dunklen Augen. Sie wirkten immer irgendwie traurig, doch was ich in diesem Augenblick sah, erschreckte mich. Ich war verwirrt und lief weiter, der Kopf des Tieres immer an meiner Seite. Neben mir fiel eine tote Taube durch das welk gewordene Blätterdach der Bäume. Wieder blieb ich stehen und suchte aufgeregt nach irgendeinem Zeichen von Leben, doch ich fand keins. Weit vor mir sah ich die große Lichtung. Dort waren der Bach und die Wiese, auf der wir immer Rast machten. Verzweiflung trieb mich zur Eile. Am Ende des Weges war die Aussicht über die Lichtung immer so herrlich. Jedes mal, wenn wir hier ankamen, blieben wir stehen und die Schönheit in all ihrer natürlichen Pracht berührte tief im Innersten meines Herzens. Doch an diesem Tag, der Tag an dem die Sonne plötzlich Kälte verbreitete, sank ich kraftlos auf die Knie. Verzweifelt ließ ich meine Stirn auf den grauen Boden schlagen. Der ekelige Gestank nahm mir die Luft zum Atmen. Tränen stiegen in meine Augen, als mein grauer Riese sich auf die Seite legte. Sein riesiger Kopf fiel leblos in den Sand. Ich blickte nach vorne auf die Lichtung. Die Wiese auf der wir so oft Rast machten, sah aus wie ein garstiger Acker, aus einer anderen Zeit. Der Bach war vertrocknet und verstaubt, es gab kein Wasser mehr darin.

Machte der Mensch nun die Erde wirklich Untertan?

Heute war der Tag, an dem die Vögel aufhörten Nester zu bauen. Heute war der Tag, an dem die Hühner keine Eier mehr legten. Heute war der Tag, an dem die Eichen ihre Arme senkten. Heute war der Tag, an dem die Sonne ihre Wärme verlor. Heute war der Tag, an dem der Bach aufhörte zu fließen. Heute war der Tag, an dem die Erde starb. Stille und Einsamkeit umarmen mich. Alte Gedanken graben sich tief in das Haus der Erinnerung. Im Kreisel der Zeit wiederholen sich die Ereignisse immer wieder. Nur der Schauplatz ist neu und die Statisten wechseln stetig aufs Neue. Doch der Text bleibt immer der gleiche, werden sie jemals verstehen?

Heute war der Tag, an dem wir aufhörten zu Leben.

Der Tag danach

Das war es nun.

Die Stille, die mich umgab, war bedrückend. Still und bewegungslos lag der Wald vor mir. Wie lange hatten sie nun schon das große Ziel vor Augen?

Macht euch die Erde Untertan lautete
das Wunschdenken des Menschen
mehr als 2000 Jahren. Der Mensch ein
einsames, größenwahnsinniges Tier,
das in dem Glauben lebt, sich über
alles andere erheben zu müssen. Nun
ist es ruhig geworden. Die Natur geht
wieder ihren eigenen Weg.
Maschinenlärm, Umweltgifte,
Profitgier und Machtbesessenheit,
Mord aus Spaß an der Freud, sind
nun Vergangenheit. Eine
Vergangenheit, die mit dem Schleier
des nächsten Morgens davon fliegen
wird. Die Erinnerung an die Riesen
der vergangenen Steinzeit lässt
Ehrfurcht vor der Natur aufkeimen.
Die Erinnerung an den Menschen lässt
meine Gedanken an diesem Tag
erfrieren.

Wer bin ich?

Ich bin ein Gedanke aus längst
vergangener Zeit, die so fern ist, Dass
ihre Jahrtausende zu Planeten im

Universum verschmelzen. Ich habe
vieles gesehen, was die Freude in mir
explodieren ließ und ich habe vieles
gesehen, das Angst in mir aufsteigen
lässt. Angst, dass die Eiche noch vor
dem Menschen stirbt. Ich lebte in den
Hirnen all derer, die längst Vergange
nheit sind. Ich sprach zu ihnen,
rumorte in ihren Hirnen, bis mich die
Hoffnungslosigkeit übermannte.

Dann setzte das Schweigen ein.

I´m coming home
So many ways which I had walkes
So many years I cannot count
I feel my live says good bye , no last
try
I saw the mountains, I saw the grass
I saw the child, I saw the old face
I saw Merlin and Ygraine
I saw the hope and the pain
I saw the light and the death
But never my way in the endlessness
Alone in the deep shadow of the past
See my live, it goes in the dusk
Every wrong decision appears in the
light
And every day is a tormenting fight

To much of all, no doubt I felt a lot
Now my destiny is in the hands of God
I know the end of my journey isn´t far
away
Well all know its judgement day

Es gibt sie wirklich…
Herzen die fliegen und Augen die
glänzen.
Ein Tag der verschwindet, doch für
immer in den Gedanken erhalten
bleibt.
Und als ich dachte, die Tränen
würden niemals versiegen, spürte ich
den Arm an meiner Seite.
So wählte deine Seele die alten Worte
der Erinnerung.
An dem Ort, wo alle Gedanken ihren
Ursprung haben.

Du sagtest:
„Ich suche den Zauberwald."
Eine Welt des Lebens und Vertrauens.

Ich sagte:

„Nimm einfach meine Hand, ich zeige dir das Leben."

© Michael Riedel / Auftragstext Kindereisrevue

Auf den Spuren der Vergangenheit

Ich kam den langen, einsamen Weg hinauf.
Es ist ruhig und still. Das einzige Geräusch war das Rauschen des Meeres, es wehte von weit her.
Ein feiner Wind zog über das Land und streichelte mein Gesicht. Weit vor mir auf der Bergkuppe wurden die Umrisse eines alten Cottage sichtbar. Es war teils verfallen und machte den Eindruck, als ob sie aus zwei verschiedenen Zeiten stammen würde. Einen Moment blieb ich stehen und lehnte mich an eine alte Bruchsteinmauer.
Der Duft des Meeres wehte in meine Nase. Ich dachte an die Leute im Dorf. Sie erzählten von diesem Haus und seinen früheren Bewohnern. Der

älteste Teil des Hauses solle noch aus einer sehr alten Zeit stammen. Die Bauweise war wohl für die Ewigkeit gedacht. Seine Nachfahren hatten es vehement abgelehnt, die älteren Teile des Cottage abzureißen und zu erneuern, obwohl so ein größerer Ertrag möglich gewesen wäre.

Diese Nachfahren der alten Kelten lebten in dem Bewusstsein, dass ihre Vorfahren zwar das materielle Leben verlassen haben, aber in einer Art Zwischenwelt mit ihnen weiterleben. Nie wären sie auf den Gedanken gekommen, einen Teil der alten Gebäude abzureißen. In ihrem Glauben leben doch ihre Vorfahren darin, so als hätten sie dieses sichtbare Leben nie verlassen.

Für die moderne Welt ist die Existenz eines Lebensraumes zwischen unseren gedanklichen und sichtbaren Grenzen etwas Abstraktes und eher Undenkbares.

Sie passt einfach nicht in die logischen und abgesteckten Grenzen einer christlich geglätteten Sichtweise.

Etwas nicht Erklärbares hat dort
keine Lebensberechtigung.

Trotzdem glauben die alten Bewohner
an die Existenz einer Zwischenwelt,
die in die Eigene hineinfließt. Eine
Zwischenwelt, in der die fassbare
Existenz in einer Verbundenheit
neben der nicht greifbaren Existenz
lebt.
Nicht fassen, nicht greifen können,
bedeutet nicht, dass nicht
Vorhandensein von Existenz.

Auch die Nachfahren der Bewohner
des alten Teiles des Cottage wurden
durch den Schritt in die andere
Existenz scheinbar auseinander
gerissen.
Zurück blieb ein alter Mann. In den
Augen der anderen Menschen aus
dem nahen Dorf lebte er einsam und
verbittert. Er mied den direkten
Kontakt zu anderen Menschen. Außer
einmal im Jahr, zu Samhain, dem
keltischen Totenfest. Da stand er
immer an der Bruchsteinmauer, an
der Straße die ins Dorf führt.

Dann spielte er die ganze Nacht auf einer alten Fiedel, während im Dorf alle gemeinsam feierten. Er spielte in seltsamen Melodien. Melodien, die hier niemand kannte. Traurige Melodien, die einem das Herz entzwei springen ließen, wenn man zu lange in ihren Bann geriet.

Mir lief ein Schauer über den Rücken, als mir bewusst wurde, an welchem Ort ich gerade stand. Eine Sekunde dachte ich den Klang einer Fiedel zu hören, der von weit her zu mir herüber wehte.

Ich ließ die Bruchsteinmauer hinter mir und ging weiter die einsame Landstraße hinauf. Wieder dachte ich an die Erzählungen der Menschen aus dem Dorf.
Man sagte, dass der einsame, alte Mann seine Melodien von den Feen bekommen haben soll. Melodien, die in der Zwischenwelt der Weggegangenen erschaffen worden sind. Diese Melodien sollen eine besondere Kraft in sich haben.

Sollte ein Mensch mit der Kraft der alten Barden diese Töne erklingen lassen, würde er die Pforten in die Welt der „vor langer Zeit Gegangenen" öffnen.

Ich schritt auf den alten Hof des verfallenen Haupthauses. Nur die Grundmauern standen in ihrer ursprünglichen Kraft, allen natürlichen Gewalten zum Trotz. Mein Blick glitt über die Hügel hinab bis auf das Meer. Dort unten die Bucht, von weit her waren die Lichter eines kleinen Fischerdorfes zu sehen.

Im Inneren des Hauses sah ich einen offenen Kamin. So etwas baute man in dieser Art schon lange nicht mehr. Ich setzte mich davor und lehnte mich an die Mauer aus grobem Stein. Ich stützte meinen Kopf auf beide Hände. Meine Ellen bohrten sich in die Knie, doch ich spürte keinen Schmerz. So sah ich hinaus, durch die nicht vorhandene Tür des alten Hauses. In der Ferne rauschte beruhigend das Meer.

Ich nahm es von weit her noch wahr
und versank in meinen tiefen
Gedanken.....

Der alte Mann mit der Fiedel

Er war einsam und allein.
Das heißt, eigentlich war er nicht
allein. Er war zufrieden mit sich und
seinem Leben. Er war in seiner Welt
der Gedanken, mit sich und der
inneren Stimme seiner Zeit verbunden.
Er fühlte sich dort wohl und dieses
<Alleinsein> ermöglichte ihm eine
wohlige, wärmende Nähe mit seinen
Gedanken und Erfahrungen seines
Daseins.
Gesammeltes Wissen und geballte
Emotionen aus unzähligen Ereignissen
seiner jetzigen und der vergangenen
Zeit.

Er lebte nach dem Tod seiner Frau
allein auf seinem Hof.
Den Hof in den Bergen von Kerry, den
er von seinem Vater erbte,
nicht weit vom Meer.
Ein Teil des Hofes war verfallen und
heruntergekommen. Selbst an dem
alten Bruchstein hatten die Stürme
der Zeit ihre Spuren hinterlassen.
Der alte Teil des Hofes, in dem früher
seine Eltern lebten, war fast
vollständig verfallen. Er selbst lebte
im neueren Anbau dahinter.
Irgendwann vor langer Zeit, als er
noch vom Ertrag seiner Schafe lebte,
fragte ein Fremder, der sich hierhin
verlaufen hatte, warum er den alten
Teil seines Hofes nicht abreißen und
erneuern oder zur Bewirtschaftung
herrichten würde.
Der alte Mann hatte ihn damals nur
verwundert angesehen und gefragt:
„Und wo sollen dann meine Ahnen
leben?"

So lebte er ein halbes Leben lang
allein mit dem Andenken an seine
Ahnen und an seine Frau, die
irgendwann den Weg in eine andere

Welt gehen mussten. Er war nicht traurig darüber, denn sie waren nicht wirklich fort.

Er spürte ihre Anwesenheit.

Sie waren da und lebten weiter in einer anderen Welt, die neben der Seinen existierte. Sie waren ihm Nahe und sie lebten in seinen Gedanken.

Manchmal nahm diese unsichtbare Welt der Gedanken Formen an und sie wurde sichtbar in seinen Träumen.

Nein, er fühlte sich nicht wirklich allein. Er war eins mit sich und dem Leben.

Er hatte 83 Jahre Zeit gehabt, über sein jetziges Leben nachzudenken und er wusste genau, welchen Platz er im Kreislauf der Zeit einnahm.

Er war ein immer wiederkehrender Teil des Universums. Niemand sonst kann je seinen Platz und seine Aufgabe im Knotengeflecht der Schöpfung einnehmen.

In der trüben Jahreszeit, wenn die Bäume ihre Blätter verlieren und die

Baumkronen lichter werden, ganz kurz bevor das neue Jahr des keltischen Jahreskreises beginnt, wurden die Schleier zur Welt seiner Ahnen fließend
und sie kamen zu ihm.
Sie berichteten aus dieser anderen Welt und erinnerten an alte Zeiten, deren Wissen unbedingt erhalten bleiben müsse,
um das ursprüngliche Leben seiner Zeit zu erhalten.
In dieser Jahreszeit wurden die Tage kürzer und er stellte zu Samhain eine ausgehöhlte Rübe mit einer Kerze ins Fenster, damit die Ahnen ihn sicher finden würden. Eine Schale mit Milch und Brot stellte er dazu, so dass die Besucher aus der anderen Welt sich nach ihrer langen Reise stärken mögen.
Irgendwann würde er sicher wieder ganz bei ihnen sein.

Am Tag vor Samhain begann in den Dörfern schon das Fest, das die ganze Nacht dauern sollte, die Nacht des „Wilden Mondes".

Die großen Feuer der Dörfer brannten
einen Tag und eine Nacht.

Das war in jedem Jahr der Tag seiner
großen inneren Unruhe.
Wie gerne hätte er noch einmal mit
seiner Fiedel gespielt, im Kreis seiner
Familie.
Wie gern hätte er noch mal ihre
lachenden Gesichter gesehen und wie
gern wäre er noch einmal bei den
fröhlichen Tönen seiner irischen Geige
um das Feuer vor dem Haus getanzt.
Ja, das war der Tag seiner großen
Unruhe, der Tag an dem er den
Kasten mit seiner alten Fiedel nahm
und zur Landstraße ging und spielte.
So war es sein eigener, einsamer
Brauch seit Jahren schon.

Die Zeiten haben sich verändert, der
Mensch ist modern geworden.
Modern im Denken und Handeln.
 Altes Wissen gerät in Vergessenheit
oder wird überlagert und
verschlungen vom törichtem Gehabe
der neuen Zeit.
Die Menschen werden oberflächlich
und Ich-bezogen und die größte

Errungenschaft ihrer Zeit ist nicht das Flugzeug,
sondern die gnadenlose Fähigkeit
schnell zu vergessen.

Es ist Samhain und die Menschen in
den Dörfern bereiten sich auf die
kommende Nacht vor, die Nacht des
Wilden Mondes. Große Feuer werden
angezündet
und scheinen hinaus bis aufs Meer.
 Dort in der Ferne scheinen die
Lichter von Dingle.
Das Tageslicht schwindet und bettet
sich langsam zur Ruh.
 Die Schwellenzeit zur Nacht beginnt.
Die Zeit des unwirklichen Lichts, die
Zeit zwischen dem Ende des Tages
und dem Beginn der Nacht.

Der alte Mann blickt auf die Lichter
in der Ferne. Das nächste Dorf ist weit
entfernt und dort hinter der Bucht
scheinen Lichter des entfernten Dorfes.
Der Tag verlässt mit langsamen
Schritten diesen Ort.
 Irgendwo von weit her tönt der
traurige Klang einer irischen

Blechflöte und er erinnerte sich an die
„Zeit der lachenden Gesichter".
Die fröhliche Zeit, in der sie
übermütig und im Andenken an die
Ahnen, um die großen Feuer tanzten
und den Beginn des keltischen, neuen
Jahres feierten.
 Es war lange her und die
Erinnerungen verblassten.

Die alte, innere Unruhe strich über
ihn und umklammerte langsam seinen
Geist.

Er warf einen letzten Blick über die
Bucht, auf die Lichter des Dorfes, die
sich im Meer spiegelten. Er ging ins
Haus und nahm den alten Koffer mit
seiner Fiedel. Ein Gedanke an alte
Zeiten schlich über seine Stirn
und ließ sein Gesicht in tiefe Falten
erscheinen.
So ging er hinaus und suchte den Weg
zur einsamen Landstraße,
 die nach Kells führt.
Nach langem Fußmarsch und in der
Verbundenheit seiner Gedanken kam
er an die kleine Abzweigung, die er
seit Jahren an diesem Abend und zu

dieser Zeit aufsuchte. Er wusste, dass die Menschen aus den umliegenden Höfen den Weg ins Dorf suchen würden und seit einigen Jahren sogar ein paar Touristen aus anderen Ländern, die sich in die Abgeschiedenheit der Kerry Mountains verlaufen hatten und nun hier ihre Neugier zu befriedigen hofften.

An einer niedrigen Mauer aus Bruchstein blieb er stehen. Gedankenverloren und in einer seltsamen Stimmung legte er den alten Kasten mit der Fiedel auf die Mauer. Einen Augenblick lang sah er auf die Menschen, die in einiger Entfernung von ihm, um ein Lagerfeuer tanzten. Die Straße lag einsam vor ihm. Dann öffnete er den Kasten, holte die Fiedel hervor und begann zu spielen.

Er spielte die alten Melodien aus seiner vergangenen Zeit, fröhliche Melodien aber auch traurige, die aus der Seele kamen. Die alte Magie der Töne erfasste ihn und auf einmal fühlte er sich nicht

mehr allein, denn nun waren sie
wieder da.
In seinen Gedanken lebten sie wieder
in seiner Welt und
er konnte sie fast spüren und ihr
Lachen hören,
doch ihre Gesichter sah er nicht,
irgendwas war heute anders.
Der Klang seiner Fiedel wurde traurig
und hätte Jedem, der zuhörte, die
Tränen der Trauer ins Gesicht
getrieben.

Der alte Mann nahm seine Umgebung
nicht mehr wahr, die Schleier vor
seinen Augen nahmen ihm jegliche
Sicht.
So spielte er in die Nacht bis seine
Finger bluteten.
Er lehnte an der Bruchsteinmauer
und spielte Melodien, die niemand
kannte.
Zauber der Töne aus einer Zeit, vor
seiner Zeit.
Es war nach Mitternacht, in seinem
silbergrauen Haar perlte sich der Tau
der Nacht. Der Vollmond schien mit
nie gekannter Kraft und der alte

Mann auf der Landstraße wirkte fast
unwirklich im Zwielicht der Nacht.

Die Menschen im Dorf sangen und
tanzten und ihre Stimmen zogen über
das Land, als ein Lächeln das vom
Wetter gegerbte Gesicht des alten
Mannes überzog.
Die Stimmen des Dorfes waren weit
weg, als er sie endlich sah.
Die Gesichter seiner Familie, die
Gesichter seiner Ahnen, plötzlich
waren sie da.
Er sah sich selbst, mit ihnen um ein
riesiges Feuer tanzen.
 Alle lachten und sangen und er spielte
Melodien auf seiner Fiedel,
die er noch nie gespielt hatte.
Er sah in die Ferne, mit den Schleiern
des Erkennens vor seinen Augen.
Er sah in der Nacht die Umrisse seines
Hofes, die längst verfallenen Überreste
des alten Teils, dem Teil, in dem seine
Ahnen seit langer Zeit schon wohnen.
Ein Gefühl des
„Heimkommens" überzog seine Seele
mit der tiefen Wärme der
Zugehörigkeit.

Der alte Mann vernahm nicht mehr
das Lärmen der Menschen aus dem
Dorf.

Er hörte und sah auch nicht die Frau,
den Mann und das Kind.
Sie gingen die Landstraße hinunter
auf dem Weg ins Gasthaus. Das Kind
jammerte und quengelte vor
Müdigkeit. Sie sahen fremd aus, eher
wie Touristen nach einem langen,
aufregenden Tag.

Ihr Weg führte an der
Bruchsteinmauer vorbei, an der der
alte Mann zusammengesunken lehnte.
Die Fiedel lag in seinen Armen, als
wollte er sie niemals mehr loslassen.
Sein Kopf mit dem langen,
silbergrauen Haar hing kraftlos
herunter, so als ob er schlafen würde.

Der kleine Sohn der Touristenfamilie
sah ein wenig verwundert auf den
alten Mann. Doch noch bevor er etwas
sagen konnte, rief sein Vater ihm zu:
„Hier sind ein paar Münzen mein
Sohn, schmeiß sie dem alten Penner in
den Geigenkasten. Er ist noch leer, er

scheint heute nicht viel Glück gehabt
zu haben, oder vielleicht war auch sein
Geigenspiel so schlecht" und lachte
laut.

Der alte Mann nahm dies nicht mehr
wahr. Er spielte niemals für Geld.
Die Töne seiner alten Fiedel haben ihn
nur an die Vergangenheit erinnert
und seiner Familie in der „anderen
Welt" ein Stück näher gebracht: Er
empfand einfach nur Wärme und
Dazugehören dabei.
Ja, er sehnte sich nach den lachenden
Gesichtern seiner Familie und die
Nähe und Geborgenheit im Kreis
seiner Ahnen.

Noch bevor der Morgen richtig
begann, in der unwirklichen
Schwellenzeit zum Tag,
trugen sie ihn fort.

Ich wünsche dir einen guten Weg,
alter Mann.

Schatten aus der Ewigkeit

Schatten aus der Ewigkeit   -   Feuerball
der Illusionen.
Mein Herz - lange nicht eins – leben in
kalten Zonen

Ein Gedanke so gut - meine Seele so rein
-
Hoffnung für alle - sollte mein
Begehren sein.

Leben müsst IHR – so war es gedacht.
*Doch mir hat es fast - den Tod
gebracht.*

**Chancen die vergangen sind – das
Leben will nichts mehr wagen.
Eine Kugel, die nicht töten kann –
Erinnerung will nichts mehr sagen.
Wege die schon begangen sind – wie in
alten Sagen.
Kranker Körper Erde – bald stirbt
auch - dein endloses Klagen.**

Meinen Körper gab ich für euch her –
gehüllt in grüne Kleider
Im Garten Eden wurde ich bewundert –
doch heute gibt es Neider.

Damals brachtet ihr mir Schätze -
bewahrt sind sie seit Jahrmillionen.
Heute kommt ihr mit dem Bagger um sie
für immer abzuholen.

Mir fehlt die Luft zum Atmen, - Tränen
die versiegen, - getreten und geschunden,
Meine Kleider nur noch welkes Laub,
die Seele leckt sich die Wunden.

**Missbrauchter Körper Erde – bald
stirbt auch dein Klagen.
Schmerzen die Vergangenheit sind -
die Erinnerung will nichts mehr sagen.**

Tara - der Ort wo wir uns erstmals trafen
Ein Denkmal wurde hier gesetzt – doch
nun wollt ihr mich Strafen.

Mutter Erde habt ihr mich genannt,
Schwester der Hoffnung - Tara war mein
Kind.

Die Klinge der Unvernunft schneidet
selbst den Nabel durch, mein Glauben
verrinnt.

Entzweit und ohne Zukunft, die Mutter
verblutet noch vor dem Kind.
Entzweit vom Leben, das Ende der Zeit
– wir wissen nicht mehr woher wir
gekommen sind.

**Missbrauchter Körper Erde – bald
stirbt auch dein Klagen.
Schmerzen die Vergangenheit sind -
die Erinnerung will nichts mehr sagen.**

**Ein letzter Gedanke – und das Leben
verrinnt.
Ich und du – wir alle – wissen nicht
mehr wer wir wirklich sind.**

Für alle Zeiten

Eine alte Erinnerung hat es vor langer
Zeit gedacht,
eine alte Seele hat es leise dahin
geflüstert,
der Barde hat es in neue Worte gefasst,
du hast sie für dich entdeckt
und für alle Zeiten deiner Erinnerung
geschenkt.

**Ein letztes Mal fällt er zurück, mein
Blick.
Hoffnungen sterben in jenem
Augenblick.
Ein letzter Moment, das Aufbäumen
einer Sekunde.**

**Mein Arm berührt die alte Brücke,
auf der ich als Kind so oft stand.
Im Schein der Sonne warf ich Steine
in den Bach, um die Kreise im Wasser
zu sehen,**

oder zählte die Fische im Wasser, die
ich sah.

Noch ist sie Gegenwärtig, die Heimat
im Glück.
Doch nur ein letzter Blick fällt darauf
zurück
Grünes Tal, das blaue Meer, ich
mochte dich so sehr.

Meine Wiege stand hier, ich vertraute
dir.
Mein Hof, mein Heim, nichts wird
mehr sein!
Dein Boden so karg, verpestet dein
Land, ich vermisse deine gütige Hand.

Unter meinen Füßen, die Steine der
Brücke.
Meine Tränen rinnen, das Herz reißt
in Stücke.
Schreie meiner Seele, die ich
unterdrücke.

Du warst mein Heim, du warst mein
Ort.
Viele Jahre hast du mich genährt,
doch die Krankheit deiner Erde
schickt mich nun fort.

Erinnerungen an die Vergangenheit,
meine Hand berührt noch die alte
Brücke.
Was wird sein im neuen Land?

Hier verhungern wir,
deshalb sage ich hier:
Mein Land, meine Heimat, ich weine
mit dir.

Ich wende meinen Blick, nur mein
Herz schaut zurück.
Meine Augen sehen das neue Land.
Meine Gedanken sagen, mir ist es
völlig unbekannt.

Mein Freund, der Gedanke

Sein Weg führt nun zu mir.
Bald gehört er ganz zu mir.
Ich spüre es seit langem schon.

Ein großes Glücksgefühl tief in mir
macht sich Platz,
wenn er sich auf den Weg zu mir
macht.
Wir begrüßen uns wie alte Freunde
nach langer Zeit des Vermissens.

Er reist durch die Zeit, auf den Wellen
des Erkennens.
Mein Platz ist seit langem schon hier.

Aber bald streifen wir Hand in Hand
durch die Landschaften der
Erinnerung.
Nun wird es warm und heimatlich in
mir.

Schatten der Vergangenheit

Das Kind, das seine Gedanken noch
nicht fassen kann, weil diese sein
Wissen und seine Erfahrung
überschreiten; sein Reden, sein
Handeln erscheint vielen fremd und
sonderbar.
Der Mensch meidet, was er nicht
kennt oder versteht, vielleicht sogar
aus Angst.
Doch das Kind hat die gleiche Angst,
denn es versteht die eigenen Gedanken
nicht.
Woher kommen diese Bilder aus alter
Zeit?
Es kennt Orte, an denen es noch nie
war, Dinge die es noch nie gesehen hat.
Das Kind zieht sich zurück, aus Angst
vor den eigenen Gedanken und aus
Angst vor den Menschen, die es nicht
versteht.
So vergehen Jahre in der Verbannung
seiner eigenen Identität. Der Mensch

wird sich selbst zum Gefängnis in
seiner unsichtbaren Gedankenwelt.
Gedanken, die frei sind, können
fliegen. Gedanken, die gefangen sind,
können töten.

Wieder vergehen die Jahre im eigenen
Unverständnis. Ein langsames Sterben
der Gedanken, ein schleichender Tod.
Das Kind wird erwachsen, lebt in
einer Welt ohne Gedanken.
Die Zeit vergeht und spielt ihre Spiele
mit den Unverstandenen des Lebens.

Katastrophen, Schicksale, Ereignisse,
Erfahrungen, Altes bahnt sich seinen
Weg. Stimmen der Vergangenheit
verschwinden nie so ganz.

Das Leben ohne Gedanken beginnt
sich in der Ruhe des Alters zu
verändern.
Dinge, die im modernen Sein als
lebensnotwendig erscheinen, werden
mit neuen Augen nur noch zum
lästigen Ballast der Vergangenheit.

Die alten Gedanken als Unterdrückte
seines Lebens werden frei und fliegen

ungehindert durch die dunkle Welt
seines Seins.
Er möchte sie fassen und berühren, sie
verstehen und beschützen, denn
langsam ahnt er, wer sie wirklich sind.

Zeitreisende des Lebens durchströmen
die Körper des Seins.
Erkennen, Erfahren, Wissen und
Denken, die Essenzen des Lebens
sterben nie – die Stimme der Seele
erzählt davon.
Hast du verlernt, sie zu hören?

Unsichtbare Welt der Gedanken

Und so streifen wir durch die
unsichtbare Welt der Gedanken.

Die Füße berühren den Boden kaum,
so sind wir auf der Suche nach der
Stimme unserer Seele, die uns einlädt,
heimzukommen und uns
niederzulassen in der Geborgenheit
unseres Selbst.

Doch der Weg ist weit – wie die
Unendlichkeit des Universums.

Es warten ungeahnte Hindernisse und Gefahren.

Urängste, eingebettet in das Erleben des Menschen dröhnen wie Hammerschläge in fragenden Hirnen.

Werde ich mich jemals finden? Oder verlaufe ich mich in einer Welt, in der Fragen wie Geschosse treffen, doch niemals Erkenntnis bringen?

Unsichtbare Welt der Gedanken – nie war ich mir sicher, lebe ich alleine in dir? Jemand sagte mir, die Welt der Gedanken gehört allen und jedem, und manche würden meine Gedanken auch sehen.

So verhielt ich mich still in meinem Versteck, um keine bösen Feinde zu wecken, denn da war doch das Ziel – ich wollte nach Hause.

Unsichtbare Welt der Gedanken, die mich verwirren.

Manchmal, wenn ich mich fast schon zu Hause wähnte, tobte ein Sturm, der

unzählige Hindernisse auf meinem
Weg hinterließ.

Manchmal warst du auch farbenfroh
und lebendig.

Freude machte sich breit und bettete
mich wie ein Lager aus Moos.

Als ich schon dachte, es würde immer
so sein, verwandelte sich das Moos in
Dornen und trieb mich raus auf den
Weg.

Wie ein Traumwandler trieb ich
umher, auf der Suche nach dem
Zuhause.

Unsichtbare Welt der Gedanken , ich
sehe deinen Boden nicht.

Ich spüre meine Füße, doch sehe ich
auf den Boden, wabert Nebel um
meine Knöchel. Wie konnte ein Boden,
den ich nicht sehe, mich nach Hause
leiten?

Ich streckte die Hände weit von mir
und griff ins Leere.

Ich rannte wild drauf los, doch keine Mauer hielt mich auf.

Ich schrie in das Nichts, doch kein Echo antwortete mir. Doch so weckte ich die bösen Geister und die Stimmen wurden laut, sie lockten nach hier und nach dort.

Einige wurden lauter und alle kannten den Weg. Ich wollte nach Hause, doch welche Stimme hatte nun Recht?

Unsichtbare Welt der Gedanken – aus deiner Ruhe ist ein Jahrmarkt der Selbstdarsteller geworden, doch wie kommt er hierhin?

So schloss ich meine Augen und meinen Mund. Ich setzte mich nieder und legte meine Hände auf die Knie. Ich spürte die Wärme und das Leben in mir, die Stimmen vergingen.

Ich spürte an meinem Rücken den mächtigen Stamm einer Eiche und meinen Nacken kitzelte der Efeu. Ich saß auf Moos in der unsichtbaren

Welt der Gedanken, der Jahrmarkt
verstummte.

Es wurde farbenfroh und lebendig,
tausend Stimmen des Waldes sangen
ein Lied – das Lied des Barden. Es
tönte von weit her und lockte zum
Näherkommen.

Ich lief über sattgrüne Wiesen und
Teppiche aus Tannennadeln, die
meine Schritte federn ließen. Überall
an den Wegrändern wuchsen Farne
und Pflanzen mit witzigen bunten
Blüten in leuchtenden Farben.

Unsichtbare Welt der Gedanken –
deine Landschaft zeigt sich ehrlich
und rein.

Niemand kann mich hier sehen, denn
deine Flüsse und Berge sind mein.

Meine Angst war so groß, dich nicht
zu entdecken; das verschloss mir die
Augen und trübte die Sinne.

Nun blicke ich ins Tal und es schnürt
mir die Kehle.

Gefühle von Vertrautheit und tiefster Zugehörigkeit übermannen mich.

Tränen der Freude fließen ganz ungehemmt und ich sinke auf die Knie.

Unsichtbare Welt der Gedanken – auch dir scheint eine Sonne.

Nie habe ich mich mehr gefreut, sie zu sehen.

Ich schaue in den Himmel und Erkenntnis macht sich breit.

Warum diese Angst?

Ich brauchte doch nie zu suchen, denn immer warst du da.

Ich hätte dich nur hören sollen, wärmende Seele, in der fernen Heimat meines Selbst.

Der alte Weg

Unser modernes, fortschrittliches

Leben und unsere materielle

Einstellung scheinen immer mehr zum

Lebenssinn unserer Zeit zu werden.

Der Mensch entfernt sich mehr und
mehr von der Natur, aus der er
stammt. Er wiedersetzt sich all den
natürlichen Abläufen und glaubt, zum
Meister über die Natur zu werden.

Mit diesem Glauben zerstört er den
Boden, auf dem er selbst steht.

Er nimmt sich mit seiner Technik und
mit all seinen Erfindungen, die das
moderne Leben angeblich so
lebenswert machen, die eigene Luft
zum Atmen.

Der moderne Mensch ist sich seiner
eigentlichen Einsamkeit in keiner
Weise bewusst.

Sein Leben, von dem er glaubt, dass es
ihn zufrieden und glücklich macht,
spielt sich in der imaginären Masse
der Gesellschaft ab.

Die Masse gibt vor, wie das Leben
jedes einzelnen zu sein hat. Sind wir
nicht in der Lage dieses Leben zu
führen, werden wir von der Masse
ausgestoßen und der Schutz der Masse
für den Einzelnen entfällt.

Die große Menge der modernen,
fortschrittlichen Menschen lebt nun
ein Leben des materiellen Denkens
und Handelns.

Ein anderer Teil der Menschen lebt
mit einer ständig wachsenden inneren
Unruhe und einem Gefühl von Sinn-
und Richtungslosigkeit.

Jeder erlebt dieses Unbehagen anders.

Bei einigen ist es sogar ein unterschwelliges Gefühl, das schon seit der Kindheit existiert, aber nicht genau erklärt werden kann. Das Gefühl einer inneren Leere, die Platz für tausend seltsame Fragen bereitstellt.

Fragen, die plötzlich da sind, in den Gedanken schwimmen und manchmal an die Oberfläche gelangen.

So gibt es Kinder, die sich Gedanken machen und sich selbst fragen:

„Besteht die Möglichkeit, dass ich mein Leben in diesem Augenblick nur träume?

Dass ich diese Dinge hier im Moment gar nicht wirklich tue, selbst meine Gedanken gar nicht Realität sind, sondern einfach nur der Teil eines langen Traumes, und mein Körper friedlich und unversehrt die Ruhe genießt?"

ODER

„Bin ich wirklich die Person in meinem Traum oder bin ich ein fremdes Wesen mit der Weitsicht des Universums, das sich die menschliche Gestalt und deren Leben erträumt?"

ODER

„Vielleicht bin ich ja in Wirklichkeit ein schlafender Stein, der träumt ein Mensch zu sein?"

Hier stellt sich die Frage, warum diese Kinder in der Lage sind, dermaßen komplexe Gedankengänge zu erleben.

Andere bemerken im jugendlichen Alter eine Art von Sensibilität, Ereignisse intuitiv richtig zu beurteilen und Entscheidungen zu erahnen, obwohl es vom Alter, vom Wissen und der Erfahrung eigentlich nicht möglich sein kann.

Gerade diese jungen Menschen begeben sich schon sehr früh auf den Weg der Suche.

Ist diese Art Intuition das Resultat eines Wissens der mehrfach gelebten Leben?

Eine Art Erinnerung aus vorherigen Leben?

Die Erklärung der Seele und die Erinnerung an das Wissen aus längst gelebten Leben der Seele?

Andere Menschen erleben und leben erst einen Teil ihrer Zeit das moderne, materielle Leben, auf der Suche nach innerer Zufriedenheit in den Vorzügen der fortschrittlichen Zeit.

Reichtümer, bezahlte Erlebnisse und eine gekaufte Scheinwelt lassen manchmal eine innere Unruhe nicht verstummen.

Die Sehnsucht nach etwas Verborgenem und Ungeklärtem wird zur treibenden Kraft und gibt dem Leben eine neue Richtung. Es ist wie eine Art stummer Ruf, der fordernd einen neuen Weg beschreibt.

Bei anderen Menschen spielen wieder andere Dinge eine Rolle. Eine schwere Krankheit oder ein Unfall, der Tod eines bestimmten Menschen oder ein anderer schwerer Verlust.

Aber auch ein Traum kann der Wegweiser sein.

Doch alle haben eines gemeinsam:

Tief in ihnen wird ein Ruf wach, der Ruf, sich auf die Suche zu begeben.

Für einige beginnt nun der Weg der langsamen Trennung vom vorgegebenen Leben.

Für andere ist es ein plötzlicher Aufbruch mit dem Zurücklassen der modernen Erfahrungen, dem Abbrechen aller Brücken zum Leben in der modernen Welt, ohne jeden Versuch des Abschiednehmens. Es ist fast wie eine Flucht aus einer Welt, die man lange mit verbundenen Augen gesehen hat. Nun reißt das Leben selbst die schwarze Augenbinde herunter und offenbart sich auf eine

Art und Weise, die sich von bisher bekanntem entfernt.

Wenn die Sehnsucht beginnt und unerträglich wird, und an die Ufer unserer Persönlichkeit dringt, begeben sich die Menschen auf die Suche.

Alte, unwichtige Dinge hinter sich zu lassen, schafft Platz für neue Dinge, die gesehen und erkannt werden können.

„Es ist nicht nötig, ständig die Landschaften zu verändern, denn man sollte die Augen, die diese Landschaften sehen, verändern", schrieb einmal ein irischer Philosoph.

Wenn man neue Landschaften betritt, offenbart sich neues Wissen.

Hierbei ergibt sich ein neuer Weg, der gänzlich allein begangen wird.

Kein Weg mit der Summe all seiner Erfahrungen wird jemals von mehr als einer Person gegangen werden.

Diese neue Situation kann den Suchenden zu einer Vielzahl von Hindernissen führen.

Die Masse des modernen Menschen wird seine Bemühungen belächeln oder sogar angreifen.

Aber kann ein Mensch, der sich niemals mit dem Leben beschäftigt hat, einen Suchenden in Frage stellen?

Die größeren Feinde eines Suchenden sind sicherlich die eigenen Dämonen.

Selbstbetrug und Verlustängste werden zu Stolperfallen des neuen alten Weges.

Der „Zufall" beschert Prüfungen des Lebens, aber auch Wegweiser zum Ort der Erkenntnis

Es sind gerade die neu gewonnenen Erfahrungen, die tief ins Innere der Seele eindringen und ein ewiges Bild hinterlassen.

Doch Erfahrungen lassen sich keinesfalls erzwingen, sie ruhen in der Einsamkeit der Erkenntnis.

Jeder Suchende wird an den Hürden der Erfahrungen irgendwann ermüden und sucht in der Ruhe die Kraft der Erneuerung.

Somit wird der Ort der gesuchten Einsamkeit zum Ort der tiefen Erkenntnis.

Die Einkehr ins Ich, das „Zuhause" der eigenen Gedanken, wird zum Platz der Erneuerung und des Wachstums.

Der moderne, fortschrittliche Mensch ist auf einer ständigen Flucht vor diesem eigenen „Zuhause", aus Angst vor der Einsamkeit in der Stille seiner eigenen Gedanken.

Ein Leben des Selbstbetrugs wird zur Verkleidung seines Ursprungs, er will sich nicht sehen und er will sich nicht hören.

So wird der Mensch in der unruhigen Menge zum lautlosen Dieb in der Nacht.

Die Suche als Weg zur Erkenntnis, die Erkenntnis als Summe aller gemachten Erfahrungen.

Die Erkenntnis als Wegweiser zur Selbsterkenntnis.

Die Selbsterkenntnis als Wegweiser zum Zwiegespräch im Haus der Gedanken.

„Und so erschuf die moderne Technik
den Menschen neu,
er dachte sie zu verstehen
und lernte mit ihr zu leben."

Vielleicht schon morgen?

Ein sehnsüchtiger Blick erfasst die Versuchung des Tages.

Durch die Schleier des erwachenden Himmels explodiert der Tag. Einladendes Blau, eine Woge der Freundlichkeit überfällt die Erde und umarmt alles Leben darauf mit unendlicher Wärme.

Der Tag verspricht Gutes, Freude erfüllt mein Herz und lässt es in tausend Kristalle zerbersten. Ist heute etwa der Tag?

Verträumt und ungläubig sehe ich in das Tal. Der See schimmert in einem satten Grün, die dunklen Tannen spiegeln sich darin.

Der mächtige Stamm liegt in meinem Rücken, ein kleiner Zweig kitzelt meinen Nacken. Das Moos mit seinen flauschigen Haaren lädt zum Berühren ein.

Gedankenverloren lehne ich an einem Baum, der See verschwimmt vor meinen Augen. Ist er noch Wirklichkeit? Die Zeit kennt keinen Raum und doch ist sie die größte Mauer dieser Welt.

Das Grün der Tannen wirkt wie durch einen Nebel, doch der feine Duft umspielt meine Sinne...

Deine Lippen berühren leicht mein Ohr. Worte, die nur zu erahnen sind, fast nicht von dieser Welt. Aber ich nahm sie wahr, damals.

Fragende Blicke aus brennenden Pupillen, die Kraft deiner Seele bricht aus deinen Augen.

Ein Rausch von Farben ertränkt meine Gedanken und zieht mich herunter in einem Strudel aus Perlen der Zeit. Die Zeit nimmt mich gefangen und ich will fliehen. Ich weiß, ich werde es schaffen!

ABER HEUTE NICHT.

Worte der Zuneigung schweben durch den Raum, doch Worte voller Hass bringen sie zu Fall und schmettern sie zu Boden.

Wir liefen an ihnen vorbei und ließen sie achtlos liegen, mit der Gewissheit, dass es noch tausend andere Worte als Ersatz dafür gibt.

Ein Blick der mit dem meinen verschmelzt, ein Blick durch mich hindurch.

Hände die mich halten wollen, Gesten von verteufelter Ignoranz.

Ich werde sie wiedersehen, ABER HEUTE NICHT.

Worte die Versprechen wollen, Blicke die verheißen sollen, Gesten die Vertrauen heischen.

Ich werde sie wiedersehen, ABER HEUTE NICHT.

Längst begangene Wege, Schritte in die Vergangenheit.

Vergangenheit als schützender Mantel alter Erfahrungen.

Die Geburt als Beginn einer neuen Vergangenheit.

Das Leben als momentane Möglichkeit der Erfahrung.

Gelebte Leben treffen sich an den Kreuzungen der Zeit.

Ich werde sie wiedersehen, ABER HEUTE NICHT.

Worte voller Ehrlichkeit mit dem Handschlag des Vertrauens.

Der Blick so tief wie Seelen, die sich in der Zugehörigkeit berühren.

Ich werde ihn wiedersehen, ABER HEUTE NICHT.

Im Feuer der Zuneigung, die Umarmung auf den Hügeln zur Ewigkeit.

Ich werde sie wieder spüren, ABER HEUTE NICHT.

Sehnsucht kennt nicht die Grenzen von Raum und Zeit.

Von der Ursprünglichkeit des Schicksals

Schweigend sitze ich da.

Mein Blick versinkt in den goldenen Farben der am Boden liegenden Blätter.

Der Herbst zieht sich über den Wald und verkündet die neue Zeit

das alte Jahr geht zu Ende.

Wünsche, Träume, Erwartungen und Enttäuschungen, die Zeit war reich an Erlebnissen, die das Leben zeichneten.

Dinge, die unwiederbringlich verloren gegangen sind?

Schätze des Lebens, die dich nie mehr verlassen?

Die Zunge zwischen den Waagschalen unserer Zeit lädt zum Verweilen ein.

Harmonie, die zwischen den Extremen liegt, als Ziel aller menschlichen Weisheit.

Ausgewogenheit im Schatten der Unausgeglichenheit.

Wünsche und Träume, sein eigenes Schicksal zu meistern und zu bestimmen.

Phantasien erklimmen das Hirn, der Mensch als Architekt seines Lebens in den Ereignissen dieser Zeit.

Doch bestimmt der Mensch die Zeit?

Ich lehne an einem alten, abgestorbenen Baum und ein Lächeln überzieht mein Gesicht.

Das Lächeln des Erkennens hinterlässt einen faden Nachgeschmack.

Der Mensch ist ein verzweifeltes Tier.

Er gibt der Zeit einen Namen und meint sie zu erkennen, doch er hat Angst, sich in ihr hoffnungslos zu verlieren.

Der Meister seines eigenen Schicksals gibt den Dingen, die er nicht versteht, menschliche Kosenamen, um die Weite der Verknüpfungen in sein kleines menschliches Hirn zu pressen.

Dabei unterliegt er der Täuschung, den Horizont gesehen zu haben, doch es war nur die nächste Ecke seiner kleinen Vorstadtstraße.

Wo findet der Mensch die ursprüngliche Wahrheit?

Lebt die Wahrheit in den Weiten, die das menschliche Hirn nicht fassen kann?

Hier liegen die einzigen Dinge, die der Mensch weder beeinflussen noch verändern kann. Sie liegen außerhalb seiner Möglichkeit und seines Begriffsvermögens.

Der Mensch als Meister seines Schicksals hat eine urtümliche Angst vor Dingen, die außerhalb seiner Zugriffsmöglichkeit liegen. Er möchte Schmied seines eigenen Glückes sein, am Ruder seines dümpelnden Bootes stehen und den Kurs bestimmen.

Ein selbsternannter Kapitän des Lebens. Doch welcher Kapitän findet schon eine verlorene Münze im Ozean?

Der Mensch als Meister seines Schicksals malt Bilder von den Weiten des Universums, dabei kann er nicht einmal um die nächste Ecke sehen.

Die tiefsitzende, verborgene Angst vor der leeren Unfassbarkeit des menschlichen Hirns lässt ihn verzweifeln vor der eigenen Unzulänglichkeit.

Ist der nächste Schritt wirklich sein Wille oder war er lange schon vorhersehbar?

Der Mensch als Meister seines Schicksals wird seiner Macht enthoben und zerschellt auf dem Boden der Hilflosigkeit.

Ich sehe hinauf in den dunklen Abendhimmel.

Wer will ihn schon verstehen und erkennen, ihn – der so weit weg ist?

Vielleicht ist das Schicksal eine große Ordnung im Gefüge des Universums?

Doch wie sollen wir das Universum verstehen? Wir können nicht einmal den nächsten Stern ergreifen!

Wind kommt auf, ich lehne immer noch an dem Baum, den Blick in den Himmel gerichtet. Die Baumkronen biegen sich mit dem Wind.

Ein Meer aus Blättern rieselt zu Boden.

Langsam schwebend wie winzige Fallschirme nähern sie sich unaufhaltsam dem Boden.

Wie ein Gefüge winziger Schicksale in einem Mikrokosmos unserer Welt.

Eine Welt, die unbemerkt in der unseren lebt, unerkannt und ohne Angst vor den Dingen die noch folgen.

Sterbende Blätter auf ihrem letzten Weg berühren sich durch die Kraft des Windes.

Der Wind ist Vollstrecker des Schicksals in der Welt der Bäume.

Jede Begegnung und jede Berührung zweier Blätter verändert den Weg der anderen.

Einige, die auf dem Weg in fruchtbare Erde waren, landen im trockenen Staub und werden wieder eins mit der Göttin Erde.

Andere, deren Weg in das Dunkel einer Höhle führte, landen in fruchtbarem Boden.

Schicksal lässt neues Leben entstehen oder verbindet gelebtes Leben mit dem ursprünglichen Schoß der Zeit.

Nichts geht verloren, nichts endet wirklich.

Das Universum als Verknüpfung immer wiederkehrender Ereignisse auf unzähligen Planeten des Lebens.

Die Angst des Menschen, dem Schicksal ausgeliefert und machtlos zu sein, begrenzt seinen Horizont.

Statt mit dem Leben zu leben, verlebt er seine Möglichkeit, sich selbst im Zeitgefüge zu erkennen.

Jedes fallende Blatt sieht freudig dem Ort entgegen, der sein neues Heim wird.

Nichts in ihm wehrt sich dagegen, diesen Ort aufzusuchen, es ist eins mit dem Schicksal und reicht ihm brüderlich die Hand.

Der Mensch als selbsternannter Meister seines Schicksals ist Zeit seines Lebens heimatlos, ohne es wirklich zu merken.

Ist sein nächster Schritt und sein nächster Gedanke Teil seines Meisterstücks oder ein uralter Knoten im ewigen Gewebe des Schicksals, gegen das er sich in seiner menschlichen Angst vor dem Unbekannten mit ganzer Kraft wehrt?

Ich drehe mich um und gehe meinen Weg.

Die Gedanken kreisen in meinem Kopf.

Ist es nicht Zeit, der Ursprünglichkeit des Schicksals die Hand zu reichen?

Gedanken, die fließen

Erkenntnisse aus der Dunkelheit, im Schleier der Nebel. Weiße Drachen stellen sich in den Weg, versuchen zu verbergen und zu verleugnen, wie sie es seit 2000 Jahren schon tun.

Gedanken, die fließen wie ein seichter Bach, tausendmal gedacht.

Seelen finden sich wieder, berühren sich im Kreisel der Zeit.

Was ist Zeit?

Vom Menschen erdacht, vom Menschen gemacht – bedeutungslos im ewigen Lauf der Gestirne, erduldet im wohlwollenden Gedächtnis der Natur.

Erkenntnisse? Erfahrungen? – Die Wahrheit stirbt nicht einfach so aus, denn sie war schon immer da. Eine einsame Überlebende in der Essenz der Gedanken.

Hat die Göttin der Schöpfung je die Natur belogen?

Die Wahrheit liegt schon tief vergraben in dir selbst, siehst du sie nicht? Sie war schon immer dort.

So gegenwärtig, so offen dargeboten im Schein des Tageslichtes, bewahrt vom schützenden Mantel der Nacht.

Die freundliche Einladung des Erkennens liegt seit Anbeginn der Zeit im warmen Schein der Sonne, so hell, so freundlich, so einladend.

Doch im Schutze der Nacht überstehen alle Erkenntnisse und alles Wissen die Strudel der Zeit.

Verborgen für viele im satten Dunst der Verwirrung und fehlgeleiteter Eitelkeiten, der die Sinne betäubt – gefangen im Käfig der Anmaßung.

Arme Seelen, die unerkannt im Fluss der Gezeiten stranden.

Wegweiser für die einen, unüberwindbare Hindernisse auf dem Weg der anderen, eines Blickes nicht würdig? – Steine am Ufer der Brandung.

Die Zeit spült einige ins Nichts, doch andere bleiben liegen – benetzt vom Wasser unendlicher Tage.

Tiefen des Ozeans manifestieren die Zeit, ich bade in seinen Wellen.

Ein Lächeln des Erkennens schleicht in mein Gesicht, der Mensch setzt sich seine Grenzen selbst.

Vieles hat sich verändert, der Mensch ist einfach geworden, doch er merkt es nicht.

So badet er weiter im Sud der Selbstverherrlichung und geht darin scheinbar glücklich unter. Hochmut hinterlässt keine Lebenden.

Alte Seelen im Strudel der Zeit, verschwiegenes Erkennen im Strom der Schöpfung.

Ich blicke hinaus auf den See...   ...in der Ferne heult ein Wolf.

See des Vergessens

Es zieht uns wieder hinaus in den Wald, unseren Wald.

Die Tiefe dieser Stille umarmt uns wie ein Umhang aus schwerem Samt. Diese unendliche Ruhe macht Gedanken sichtbar und verbindet sie zu einem Geflecht aus Träumen im Haus des Schicksals. Es bedarf keiner Worte, wir sind eins in der Zugehörigkeit des Augenblicks.

Bald ist er zu sehen, der See, um den wir so oft schritten. Gedanken so nah, als wünschen sie sich sehnlichst eine Berührung. Blicke spiegeln sich in den Augen des anderen, als möchten sie darin versinken. Doch irgendetwas ist anders.

Dein Schritt wird schneller, wird treibend, drängend. Es duftet nach feuchtem Moos und Tannen, dein Haar schwebt bei jedem Schritt im Wind.

Das Licht wird fahl, fast unwirklich in seltsam gedämpften Farben. Ein leichtes Plätschern des Wassers, gedämpft wie durch Watte.

Es wird ganz friedlich. Du siehst mich an, zart grüner Efeu sprießt in deinen Augen, gewachsen auf Erde aus Demut und Leid.

Gehalten durch die Geißel der Erinnerung.

Eine Lichtung, der Weg scheint unsagbar fern. Er ist es, versteckt vor den Augen der Zeit, geschmückt durch das Laub unserer Wünsche.

Dort ist er, schimmernd in der Erneuerung des Tages. Er lädt dich ein, der See des Vergessens.

Noch vor Sekunden spürte ich deinen Atem. Wo ist er hin?

Einen Augenblick lang glaubte ich noch die Wärme deiner Hand zu spüren. Sie ist fort!

Nun ist es wie damals. Es war ein Gesicht im Schatten, mit Zeichen in wunderschöne Worte verzaubert. Nicht gekannt und nicht gesehen bis zu diesem Tag. Der Tag an dem das Geflecht der Vorsehung uns verband.

Ich bewegte mich auf dich zu. Und da waren sie. Augen die mich ansahen, übergroß, ängstlich und erstaunt zugleich.

Sie verwirrten mich, machten mich irgendwie traurig. Ich war gefangen in einem Meer aus Grün. Diese Tiefe in ihnen fesselte mich und machte mich bewegungsunfähig.

Sie spiegelten unglaubliche Verwunderung wieder, darunter lag ein Schatten. Tiefer Schmerz und Angst in einer Gefühlsdimension, die mir fremd und unheimlich war. Ich wich zurück, aber merkte sofort, dass sie mich anzogen, mich hielten und fesselten, als sollte ich nie mehr gehen.

Irgendwo versteckte sich etwas, das ich kannte, etwas Seltsames, Vertrautes war da. Vergraben in den Tiefen des Unbekannten, gefangen und geknebelt durch die Stricke der Vergangenheit. Was versteckt sich in diesem Feuer aus entflammendem Grün, in einem Mantel aus warmem Gelb?

Sie erstarren und bleiben an mir haften.

Es ist als blicke ich in ein Labyrinth aus tausend Fragen. Diese Augen, sie sind mir fremd und doch so nah. Ein unheimlicher Strudel, der mich in seine geheimnisvolle Tiefe zieht.

Gedanken und Gefühle, die mir völlig unbekannt sind, verbinden sich mit meiner Seele und lassen für einen Augenblick meine Worte erfrieren.

Der Augenblick hält an, umschlingt mich und raubt mir die Sinne. Versteinert zu Sekunden der Ewigkeit, Gefangener der Bewegungslosigkeit. Gelähmt durch die Woge aus einem Meer der Gedanken.

Die Pein ist greifbar, die Tränen deiner Seele berühren mich, erschrecken mich und lassen mich schauern. Deine Trauer zeigt sich für nur wenige Momente. Ich erkenne deinen Schmerz, kenne ihn zu genau, er ist auch ein Teil von mir. Tief vergraben seit ewiger Zeit in der Unendlichkeit der Jahre, mit Namen nie benannt. Ein Unbekannter, ein Schatten der Seele, der selten verblasst.

Deine kalte Nase reibt an meiner Wange, du bist mir nah. Ich fühle nie gekannte Verbundenheit. Du suchst meine Augen mit forschendem Blick, so tiefgründig, so fordernd, so hell, so klar, so wissend, so glänzend, so gierig als wäre es dein letzter Tag. So als wolltest du alle Geheimnisse dieser Welt in dich aufsaugen und verschließen. Der leuchtende Efeu in deinen Augen erwacht, und die winzig kleinen Fältchen in den Augenwinkeln tanzen, wenn du lachst.

Nur einen Lidschlag später, nichts deutete darauf hin, eine Veränderung. Die gegerbte Haut überzieht sich mit Zornesfalten, die sich völlig unverstanden fühlen. Wie ein Flechtwerk des Schicksals formt der Spiegel der Erfahrungen seine Gesichter. Ein Buch des Lebens, nur wenige vermögen es zu lesen.

Sekunden später, kaum erahnt, finstere Wolken schieben sich vor deine Augen. Im Nebel fragende Blicke, scheu, ohne Vertrauen. Du siehst mich an wie einen Fremden, fast durch mich hindurch. Erkennst du mich nicht?

Das Gesicht versteinert, als müsse es sich tausender Feinde erwehren. Kälte kriecht durch die Haut, Seelen erfrieren. Bin ich dein Feind?

Verzweiflung breitet sein schweres Gewand, lähmt mich, erdrückt mich, tötet mein Denken, macht mich ratlos, zur Marionette meines Selbst. Gefühle bäumen sich auf! Augenblicke, in denen sich die Seele öffnet und ihr Gesicht zeigt, verletzbar und ungeschützt. Momente des Vergessens, des Vertrauens, der Hoffnung. Eins sein, geformt aus der Erde des Lebens.

Ich lebte in deinen Augen.

Ein Wolkenbruch aus Tränen bricht mit unaufhaltsamer Macht aus Pupillen, die im Nebel verschwinden. Er ist wieder da, unberechenbar wie ein Dieb in der Nacht, der Unheil bringt. Da ist er wieder, dieser wahnsinnige Schmerz. Hände aus der Dunkelheit der Erinnerung wollen nach dir greifen.

Ein Schleier liegt auf deinen Augen, lässt das Grün verblassen. Zurück bleiben Wolken, die über deine Lieder ziehen. Sie stehlen das Licht deines Lebens und vergraben es unter sich, unerreichbar für dich.

Das Meer deiner Tränen fleht mich an: „Hol mich da raus"!

Ich verzweifle an meiner eigenen Schwäche, ein unbekannter Gegner versperrt meinen Weg. Ich suche das Tor zu dir, doch Angst vor dem Versagen lähmt meinen Geist und raubt meine Kraft.

Dein Körper erzittert, gepeinigt von tausend Qualen, die deine Gefühle zerfressen, wie Finger die aus dem Dunkeln nach dir tasten.

Ich halte deinen Kopf, berühre deine Stirn mit meinen Augenlidern, der Schmerz und die Angst mögen doch weichen!

Wir gehen hinaus in den Wald, in die Stille, in die Verbundenheit der Einsamkeit. Hier am See sind wir uns nah in der Stille des eigenen Seelenherdes, in der Abgeschiedenheit verborgener Gedanken. Du trägst sie dahin mit der wilden Kraft unterdrückter Sehnsucht, mit einer

Kraft, die in der Lage ist, alle Ketten des gefangenen Geistes zu sprengen.

Du gehst diesen Weg, er scheint sehr lang.

Das Licht, so unwirklich, taucht den Wald in ein seltsames Spektakel von Farben. Das Moos ist bedeckt mit kühlem Tau, Geräusche des Waldes sind in Watte verpackt.

Der Weg zum See, man kann ihn schon sehen, im frühen Schleier des Morgens. Deine geschundenen Hände können die meinen nicht greifen. Der Schleier des Nebels, er war zu dicht, der Boden war nicht zu sehen. Der Wind der Gleichgültigkeit hat unsere Wege auseinander getrieben. Gesehen, gefühlt, aber nicht wirklich erkannt.

Dort ist er.

Er schimmert in der Erneuerung des Tages.
Sei mir tausendmal willkommen, See des Vergessens.

Straßen des Lebens

Wir alle stehen am Anfang einer
unendlich langen Straße.
Auf unserem Weg überqueren wir
Kreuzungen mit unendlich vielen
Ereignissen und Wegweisern des
Lebens.

Sollte ich dir jetzt sagen,
was tatsächlich am anderen Ende
dieser Straße ist,
würden dir alle Erfahrungen aus den
Ereignissen
jeder Kreuzung deines Lebens,
die du sonst verinnerlicht hättest,
für immer verborgen bleiben.

Also komm und nimm meine Hand,
ich zeige dir das Leben.

Stimmen des Waldes

Die Stimmen des Waldes ersticken in
Tausenden von trockenen Kehlen.

Die zehrende Glut der Mittagszeit
verschlingt das friedliche Leben der
Natur.

Die Luft ist heiß und sticht wie
brennende Speere in Haut aus
Pergament.

Noch eben rankte grüner Efeu sich
hoffnungsvoll an alten Baumstämmen
dem Himmel entgegen.

Wenig später rieseln seine braunen,
vertrockneten Blätter zu Boden.

Farn, der unter dem schützenden
Blätterdach der Baumkronen
explodierte und seine Finger reckte,
das Leben fühlte, lag wenig später
erschlagen am Boden, die Finger
verbrannt zu welkem Laub.

Edel duftendes Moos, zart wie Samt
überzog es den Wegesrand. Nun
bricht dort der vertrocknete Boden
auf, überzogen mit seltsamem,
braunem Staub.

Wurzeln brechen aus der Erde
hervor, es ist als wollten die Bäume
den Wald verlassen.

Die Eichen verlieren ihre Früchte, es
ist nicht mal August.

Blüten auf den Feldern erwachen zu
vollem Glanz und beginnen zu
sterben.

Kein Gesang der Vögel begleitet
meinen Weg.

Warum ist es so ruhig?

Der Teich riecht modrig, ein leichter
Geruch nach Fisch liegt in der Luft.
Dort auf der Weide röstet braunes,
vertrocknetes Gras in der Sonne.

Die Stille ist erdrückend, macht
beinahe Angst.

Der Wald leidet schweigend ohne zu klagen.

Woher nimmt die Natur diese unbändige Sicherheit?

Nicht ein Wort beschreibt das nie gelebte Leben. Hoffnungen ersticken im Wiederhall des Nichts.

Ich sinke zu Boden, meine Knie bohren sich in den Boden, Staub wirbelt auf.

Ich hebe die Fäuste zum Himmel, möchte schreien, doch meine Gedanken schreien stumm.

Verzweiflung macht sich breit und legt einen Mantel über aufkeimenden Zorn.

Gibt die Natur wirklich auf?

Ich muss weiter.

Kräftige Beine tragen mich über einen kaum zu erkennenden Weg. Das Schlagen der Hufe schallt unwirklich in meinen Ohren. Die Schultern meines Pferdes bewegen sich immer schneller und zielstrebiger.

Am Wegesrand wachsen dornige Sträucher, die blutende Streifen auf meinen Beinen hinterlassen. Gierige Fliegen, die sich sofort darauf stürzen.

Die Äste der Bäume hängen tief und schlagen mir ins Gesicht.

Der Weg ist eng und unwegsam.

An der Lichtung ein See, seltsam kühl und lebhaft anmutend. Das Wasser schimmert an der Oberfläche, die Sonne spiegelt und blendet.

Am Ufer auf einem umgestürzten Baum hockt stolz und erhaben ein Kranich. Den Kopf erhoben, zielen seine Blicke verwundert in meine Richtung. Bewegungslos verharrt fast wie eine Statue.

Ruhe die mehr weiß, als sie sagt.

Daunen der Hoffnung treiben über
das Wasser, verlieren sich in meinen
Blicken und fesseln meine Gedanken.

Vorbei am See, das monotone
Klappern der Hufe wirkt fast
einschläfernd. Ein schmaler Weg
durch ein Maisfeld.

An den Wegrändern wächst wilde
Kamille.

Ihr Duft ist angenehm.

Ein Zeichen von Leben, nicht alles hat
sich der trockenen Glut des Tages
ergeben.

Es wird schwül, ein warmer
Sommerregen bricht herein. Auf dem
Feld sitzen Raben und verbreiten ein
lautes Geschrei. Regentropfen perln
auf ihrem Gefieder.

Das Leiden des Waldes hat ein Ende,
die Natur erwacht aus ihrer
Todesstarre.

Lähmende Hitze weicht freundlich
umarmender Wärme.

Die sterbende Natur regeneriert sich
aus sich selbst.

Welke Blätter, deren Hoffnungen in
der Hitze verbrannten, werden zum
Nährboden neuer Gedanken.

Die Erde als Mutter aller jemals
gedachten Gedanken gebärt neue
Hoffnungen mit neuen Augen. Augen,
die entdecken, was vorher verborgen
war.

Geheimnisvolle Lichtungen im tiefen
Wald der Seele. Das Laub der
Vergangenheit als Dünger der Zeit.

Was wäre das Laub ohne das einzelne
Blatt mit seinen eigenen
Erinnerungen?

Der Wind wirbelt bunte, welke Blätter
aus den Baumkronen. Wie winzige
Fallschirme segeln sie zu Boden.

Alle Blätter, die sich im Fluge
berühren, verändern unweigerlich den
Weg der anderen.

Ist es nicht die Summe der Flüge und
die Anzahl an Kollisionen, die ein
Leben einzigartig werden lassen?

Ich beneide jedes Leben dieser Erde
zutiefst und sehe es voller Ehrfurcht
in seiner Einmaligkeit.

Kann nicht jedes Leben nur einmal
gelebt werden?

Die ruhige Welt über den Wellen

Der Blick schweift in die Ferne.

Gedanken verfliegen im Wind wie der
Morgendunst dieses Novembertages.

Die Arme auf den Rand der
steinernen Brücke gestützt.

Hinter dem See beginnt der Wald.

Unendliche Farbenspiele der Natur
laden zum Verweilen ein.

Ein immer wiederkehrendes
Schauspiel der Jahreszeiten.

Am Ufer des Sees spielen Kinder mit
einem laut kläffenden, kleinen Hund.
Abwechselnd schmeißen sie einen
Holzstock in den See, den der Hund
wieder herausholen muss.

Nun beginnen sich die Kinder zu streiten, wer als nächstes den Stock werfen darf. Sie rangeln und toben um den Stock.

Der Hund läuft aufgeregt bellend umher. Der Lärm ist überwältigend.

Ich versinke in wehenden Gedanken.

Die Blätter des Baumes dort hinten leuchten in einem dunklen, kräftigen Rot. Er sticht aus der Menge der anderen Bäume hervor.

Mein Blick fällt auf den See.

Dort auf der Wasseroberfläche sehe ich diesen Baum wieder.

Er bewegt sich in seltsam anmutenden Wellen.

Es ist, als ob der Lärm verblasst und das Bild des Baumes mich in seine lautlose, gleitende Welt ziehen will. Es ist wie eine Einladung zur Ruhe.

Jetzt fallen mir auch die anderen
Bäume des Waldes auf.

Auch sie scheinen in dieser
schwebenden Welt zu leben.

Eine völlig lautlose Welt zwischen
unserem Hier und Jetzt und der
unsichtbaren Welt in den Tiefen des
Sees.

Eine Welt die zwischen unserer und
der Wasseroberfläche lebt.

Wie ein komisches Spiegelbild unserer
lauten und hektischen Welt zeigt uns
diese Scheinwelt wie ruhig, wie
gleitend und ohne Hektik die gleichen
Ereignisse sein können.

Das Leben über den Wellen verläuft
in gleichmäßigen und schwingenden
Ereignissen.

Diese Welt lebt im Wechselspiel der
Harmonie von Hell und Dunkel.

Sie ist eine Verbündete des Lichts,
gebettet in die Arme des Schattens.

Hier gibt es kein Gut oder Böse als alleinigen Herrscher.

Das Leben verläuft in den Schwingungen der Harmonie.

Ruhe und Wohlbefinden manifestieren sich in völliger Bewegungslosigkeit.

Der Sinn der Existenz ist das Sein.

Die Fehlbarkeit des Menschen findet hier keinen Lebensraum.

Das Dasein wird zum Wegweiser des Lebens.

Habgier, Machtbesessenheit und Geltungsdrang versinken in den Tiefen des Sees.

An der Oberfläche lebt das Negativ unseres Selbst ein Leben, zu dem wir nie in der Lage sein werden.

Der Mensch vergiftet seine eigene Existenz. So wird das Negativ unserer

Welt zu einer positiven Möglichkeit,
die ungesehen nebenher lebt.

Dort hinten im Wald rauscht ein
scharfer Wind durch den Wald. Die
Baumkronen verbiegen sich in den
Naturgewalten. Blätter wirbeln in die
Luft und tanzen davon.

Dort über den Wellen des Sees die
gleichen Bilder.

Doch hier verläuft alles in wiegender
Ruhe und unendlicher Stille.

Die Harmonie der seichten Wellen
schwingt in der Zufriedenheit ihrer
selbst.

Wenn ich mich weit über den Rand
der Brücke lehne, sehe ich mein
Gesicht verschwommen in den Wellen
und ich weiß, ein Teil von mir lebt in
dieser anderen Welt.

In Momenten der Ruhe spüre ich ihre
Gegenwart und es zieht mich hinaus
an den See.

Noch liegt er in unendlicher Geduld vor mir. Seine gleichmäßigen und wiederkehrenden Bewegungen laden zum Tanzen ein.

Doch Chaos und Unruhe stören diese Welt über den Wellen in empfindlichster Form.

Mein Gesicht verschwindet in hektischen Bewegungen der Wellen. Die Welt zerfällt in gleißenden Lichtreflexen der tobenden Wasseroberfläche. Wie ein Komet explodiert die Ruhe dieser „anderen Welt" in tausend Farbkristallen.

Welten entstehen und verschwinden im Nichts der Zeit, um an anderer Stelle neu zu beginnen.

Die Kinder am Ufer des Sees schmissen ihren Stock wieder in das Wasser.

Die Reihenfolge, wer werfen darf, war wohl geklärt.

Der Hund sprang ins Wasser, um nach dem Stock zu suchen.

Das Lärmen der Kinder war wieder zu hören.

Der Himmel wurde für einen Moment ganz dunkel, es begann zu regnen.

Die Oberfläche des Sees erzitterte in einem Erdbeben der Regentropfen.

Die lautlose Welt über den Wellen litt stumm in den Gewalten der Natur.

Wo vorher harmonisches Miteinander war, hielt Zerstörung den Einzug.

Die Kinder und der Hund suchten das Weite, und auch ich machte mich auf den Weg.

Der Weg führte über die Brücke und auf den Weg in Richtung Wald.

Nach wenigen Minuten erreichte ich die ersten Bäume.

Regentropfen wurden weniger und verschwanden ganz.

Ich blieb stehen und drehte mich noch einmal um. Dort war der See. Ruhig lag er im Schein der erblühenden Sonne.

Der rote Baum war wieder an der Oberfläche zu sehen. Seine Farben strahlten im Glanz des Tages.

Seine schimmernden Farben erstrahlten aus der Möglichkeit einer Existenz.

Eine Existenz, die der Regen für Momente zerstören konnte.

Eine Welt, die in der Harmonie der Gegensätze existiert.

Es ist schön zu wissen, dass es diese Welt gibt.

Ich schaue nach vorn und setze meinen Weg fort.

Weit vor mir hört man das Lärmen
der Kinder und ein Hund bellt in der
Ferne.

Und so sprach die Rose zu dem Efeu

Sie wurde sehr zeitig gesetzt. In
diesem Jahr wird sie die schönste
ihrer Art, das ist sicher.

Sie fühlte sich wohl bei ihm. Sie
bekam die beste Erde, das feinste
Wasser und wurde behütet bei Sturm
und Hagel.

Sie erblühte hinter dem Haus, und die
Nachbarn staunten und standen
Spalier.

Noch nie sah man in diesem kleinen
Ort ein ebenbürtiges Bild der
Schönheit.

Es stand sogar mit Bild in der Zeitung, und sie war so stolz.

Selbst die Insekten im Garten hinter dem Haus waren außer sich vor Freude.

Fliegen und Mücken zogen ihre unendlichen Kreise. Schmetterlinge setzten sich auf den Blättern der Rose nieder, ihr Duft war betörend.

Käfer ruhten im Schatten ihrer Blüten.

Winzige Milben fanden ihr Reich unter ihren Blättern

Keine Pflanze im Garten konnte ihr das Wasser reichen.

Sie war unumstritten die Königin im Garten.

Das Rot ihrer Blüte war von weitem zu sehen.

Im Schatten einer Eiche lebte ein Efeu.

Seine feinen Finger rankten sich um den Stamm in Richtung Tageslicht.

Das dichte Blattwerk der mächtigen Eiche ließ ihn nie das Blau des Himmels sehen.

Der Efeu sah hinüber in den Garten.

Die Sonne strahlte und er sah diese wunderbare Rose, sie erblühte in voller Pracht und das Rot ihrer Blüten schien in seiner Intensität zu bersten.

Der Efeu fasste sich ein Herz und sprach die Rose an.

Von weitem aus dem Schatten rief er ihr zu:

„Oh liebliche, duftende, betörende Rose, ich wäre so gerne wie du. Ich möchte im Schein der Sonne leben. Ich möchte so unvergleichlich duften wie du. Ich möchte in diesen wunderbaren Farben erstrahlen, so wie du.

Ich beneide und wertschätze dich in all deiner Pracht, du bist die Königin unter den schönsten aller Pflanzen.

Doch mein größter Wunsch wäre, dass mich die Insekten so gern hätten wie dich.

Ich lebe hier einsam im Schatten unter der Eiche.

Keines der freundlich und lustig umherschwirrenden Insekten findet zu mir.

Ich strecke mich am Stamm der mächtigen Eiche hinauf ins Licht.

Doch der Stamm will einfach nicht enden. Wie soll ich das Licht wohl jemals sehen?

Das Licht bedeutet Wärme.

Im Licht gibt es Leben, dort treffen sich vorher nie begegnete Gestalten, um der Lieblichkeit der Sonne zu frönen.

*In der Wärme der Sonne gibt es
Herzlichkeit, jeder fühlt sich wohl.*

*Liebliche Rose, du musst der
Mittelpunkt der Sonne sein!"*

So sprach die Rose zu dem Efeu:

*„Ich lebe in der Mitte des Gartens. Die
Sonne umschwärmt die Schönheit
meiner Farbe.*

Ein jeder hat mich gern.

*Die Schmetterlinge ruhen auf meinen
Blättern. Ihre Flügel streicheln meine
roten Blüten.*

*Alle Insekten sind meine Freunde und
sind in meiner Nähe. Ich bin nie allein.*

Ich bin die Königin des Gartens.

*Doch du lebst im Schatten, hast keine
Freunde und ich werde dich niemals
sehen können."*

Ein Sommergewitter bricht herein,
der Himmel verdunkelt sich.

Die Sonne stirbt in Bruchteilen von Sekunden.

Die Luft wird feucht und schwül.

Seltsame Farben am weiten Himmel.

Grelle Blitze zerteilen den Horizont.

Dicke Regentropfen teilen endlich die feuchte Luft.

Ein Orkan aus Donner, Blitzen und Wassermassen erschlägt das Land.

Die Rose in all ihrer Pracht stand eben noch in der Mitte der Sonne.

Nun wird sie zum Opfer der niederprasselnden Regentropfen.

Die Insekten, die eben noch im Glanz der Rose lebten, suchen ihr Heil in der Flucht.

Dort unter der Eiche sehen sie den Efeu, er bietet Schutz in der Not.

Nun ruhen die Schmetterlinge auf seinen Blättern. Er spürt die Liebkosungen ihrer Flügel.

So fliegen die Fliegen ihre nie enden wollenden Runden in seiner Nähe.

Die Mücken suchen Schutz unter seinen Blättern.

Alle haben ihn nun gern und ein nie gekanntes Gefühl macht sich in ihm breit.

Er schaut rüber in den Garten.

Der Rosenstamm liegt am Boden, erschlagen vom ersten Gewitter des Sommers.

Trauer schleicht sich in das Herz des Efeus.

So spricht der Efeu zu der sterbenden Rose:

„Wie gern hätte ich meinen Platz mit dir getauscht.

Nun streicheln die Flügel der Schmetterlinge meine Blätter.

Nun tanzen die Fliegen in meinen Zweigen.

Die Milben saugen meinen Saft und ihre Brut findet Schutz im Schatten meines Selbst.

Alle haben mich lieb und sind jetzt ganz nah bei mir.

Doch eine Schwere umgibt mein Herz.

Wie gern sah ich dich in der Sonne stehen, stolz und schön.

Wie gern habe ich die Insekten in deinem Glanze spielen sehen.

Wie oft konnte ich das Leben aus der Ferne genießen.

Nun bist du nicht mehr da.

Du hast mich nie gemocht, weil ich im Schatten lebe.

*Du wolltest mich nie sehen, hast mich
nie erkannt.*

*Nicht ein wenig von deinem Glanz hat
mich erreicht.*

*Geschöpfe des Schattens leben
einsam."*

*„Liebliche Rose, gerne wäre ich für
dich gestorben."*

Zeit der Könige

**Damals waren wir Freunde für einen
Teil unseres Lebens, unserer Kindheit.**

**Hatten gerade mal das erste Schuljahr
hinter uns gebracht, erste wackelige
Schritte in Richtung erwachsen
werden getan.**

**In fieberhafter Eile die leidigen
Hausaufgaben hinter uns gebracht**

und nichts anderes im Kopf gehabt
als: Raus zu den Freunden! Raus in
die weite Welt, Abenteuer erleben!

Unsere weite Welt lag hinter dem
Haus. Ein großes, völlig verwildertes
Feld, um das sich niemand kümmerte.

Wir zogen dort ein wie Könige und
eroberten das Land. Tausend
Abenteuer hatten wir zu bestehen.

Kämpfe mit unheimlichen Wesen aus
einer anderen Welt, feindlichen
Stämmen, die unser Lager überfielen
und uns vertreiben wollten, doch wir
standen Rücken an Rücken.

Es war unser Reich. Seltsame
Kreaturen, die wir verborgen und
heimlich beobachteten, nie haben wir
jemandem davon erzählt.

Es war unser Geheimnis; unsere
Aufgabe war es, die Welt vor ihnen zu
beschützen.

Wir versteckten uns in selbstgebauten
Höhlen aus Sträuchern und Büschen.

Ernähren mussten wir uns von Brombeeren, die wir mit aller Geduld dieser Erde aus ihrem stachligen Grün pflückten. Es war eine Wohltat und wir waren glücklich in unserem Reich.

Da, ein Angriff der Bande aus dem Nachbargarten!

Flucht auf unsere Festung aus flachen Garagendächern, Wellblech und Teerpappe.

Wir verteidigten unser Reich bis aufs Blut, mit Schwertern, Lanzen und Dolchen.

Bäume, die an den Mauern unserer Festung wuchsen, lieferten fürchterliche Wurfgeschosse. Früchte, die auch in den Bäumen versteckt waren, dienten uns zur Stärkung nach dem Kampf. Auch waren sie Trostpflaster für die Besiegten, denn wir waren gnädige Könige.

Wenn niemand da war, machten wir Abenteuerreisen in das Nachbarreich.

Angst hatten wir nie und vor gar nichts.

Es hatte eine hohe Mauer, war sehr dunkel und geheimnisvoll.

Wir sind weit vorgedrungen, doch der letzte Blick hinter die dichten Tannen wollte uns nie gelingen.

Fast wären wir in die Fänge der Wesen aus dem dunklen Reich geraten, die immer so laut brüllen.

Aber wir waren immer wieder schneller.

Wir waren Sammler. Wir sammelten Brombeeren, Äpfel, Birnen, Pflaumen, Mirabellen, ja sogar Blumen für unsere Höhle.

Wir waren Handwerker. Wir bauten Werkzeuge, Waffen, Schmuck, Baumhäuser, Höhlen. Wir waren Künstler, wir schnitzten aus Holz die schönsten Dinge.

Ja, wir waren die Könige in unserem Reich.

Aber dann riefen die Eltern, wir mussten nach Haus. Es war ja Zeit für das Abendessen und bald sollten wir Schlafen gehen. Aber morgen nach der Schule würden wir wiederkommen!

Irgendwann hat der Wind des Schicksals unsere Wege getrennt. Auf unserem Königreich steht jetzt ein hässlicher Klotz aus Beton.

Es ist untergegangen, als wir nicht da waren. Warum haben wir nicht besser darauf aufgepasst?!

Heute traf ich einen Jungen von früher, er hat mit in deinem Haus gewohnt.

Wir hatten ihn damals gesehen, doch nicht beachtet, wir waren ja die Könige unseres Reiches. Auch heute habe ich ihn nicht erkannt.

Er sprach mich an, erzählte mir von
dir, doch ich sah nicht einmal mehr
dein Gesicht. Verblassende
Erinnerungen.

Er sagte mir, du seiest schon lange tot.

Der alte Mann
oder
Begegnung mit der Vergangenheit

Da saß er nun, der alte Mann.
Im Spiegel sah ich, dass er mich von
der Seite musterte. Erst einmal, dann
zweimal, dann immer länger.
Unter seinen grauen,
zurückgekämmten Haaren funkelten
neugierige Augen.
Augen, die so jung und vital wirkten,
als müssten sie noch die Welt
entdecken.
Seine Kleidung wirkte wie die eines
alten Bauern aus einem anderen
Jahrhundert, und er wirkte klein und
eingefallen.

Doch da waren die Augen, die mich
musterten.

Ich hatte meinen freien Tag und saß
beim Friseur. Ich besuche ihn nun
schon seit Jahren, obwohl ich längst in
einem anderen Stadtviertel wohne. Es
war Mittagszeit und seine Pause noch
nicht um.
So saß ich da in diesem Raum, die
Lichter an den Spiegeln waren
ausgeschaltet und es war ganz ruhig;
ich wartete.
Ich war früh dran und eigentlich
wollte ich diese Zeit nutzen, um mir
ein paar Notizen für mein neues Buch
zu machen. Doch da waren diese
Augen, die mich musterten.

Ich dachte bei mir, er sieht aus wie ein
alter irischer Bauer. Verwittert im
Gesicht und mit ganz viel Leben auf
den Schultern.
Eigentlich war mir nicht nach
Smalltalk, doch ich wusste, gleich
spricht er mich an.
Es dauerte auch nicht sehr lange, bis
er endlich anmerkte, dass es nun nicht
mehr lange dauern würde, bis der

Friseur aus der Pause kommt. Ich antwortete höflich, aber oberflächlich, dass der Tag noch unendlich lang sei und noch einige Dinge getan werden können, und dass ich es nicht eilig hätte.
Danach war einige Zeit Ruhe, bis er wieder anfing mich zu mustern.

Auch jetzt dauerte es nicht lang, bis er mich auf das herrliche Wetter ansprach, und dass wir uns doch diesen Winter wirklich nicht beschweren könnten.
Und so antwortete ich weiter in höflicher Weise auf seine Floskeln, in der Hoffnung, dass der Friseur doch bald kommen möge.

Doch er kam nicht, und der alte Mann gab nicht auf.
Er erklärte mir, dass er mich nicht belästigen wolle, und ich seine Neugier entschuldigen solle. Er war sich sicher, die Menschen zu erkennen, die ihm das nicht übel nehmen. Bei allen anderen würde er nur Floskeln austauschen und auch nichts fragen.

Beim Wort „Neugier" musste ich innerlich schmunzeln und dachte: „Die Iren, immer neugierig, immer am Leben des anderen interessiert." Dabei war ich mir sicher, dass er kein Ire war. Aber er erinnerte mich an sie, erinnerte mich an etwas, ich wusste nur nicht an was.

Der alte Mann erzählte weiter. Er sagte, dass er fremde Menschen erkennen würde. Erkennen, ob er mit ihnen wirklich reden könne, ob sie Gutes in sich haben und versuchen würden zu verstehen, und ob sie ihn ernst nehmen würden.

Er sagte, dass er vieles sehen, vieles erkennen würde, das andere Menschen nicht mehr wahrzunehmen vermochten. Auch dass er sich mit Psychologie beschäftigt, schon seit Jahren. Er habe einige Bücher gelesen über „Tiefenpsychologie" und darüber, dass der Mensch sich sehr verändert hätte im Laufe der Jahrhunderte. Und dass er trotz allem Fortschritt nicht

ein besserer oder weiterentwickelter
Mensch geworden wäre.

Ich war mir nicht ganz sicher was er
meinte, ob er nur ein Psychologiebuch
gelesen hatte oder an die gleichen
alten Dinge glaubte wie ich. So redeten
wir über Wahrheit, Glauben, Wissen
und über die Ehrlichkeit, als der
Friseur sein Werk schon längst
begonnen hatte.

Der alte Mann glaubte, dass sein
Wissen und sein Interesse an der
Tiefenpsychologie ihn geistig frisch
und jung halten würden, ja dass dies
ihn länger leben lasse. Länger leben,
ja das wollte er auf jeden Fall.

Zum Beweis seiner Theorie forderte er
mich auf, sein Alter zu schätzen. Ich
bemerkte, dass es nicht leicht für mich
sei, Alter in den Gesichtern der
Menschen abzulesen, da die
Oberfläche der Gesichter oft trügen
würde.
Um ihm einen Gefallen zu tun, und
weil er mein Interesse mittlerweile
wirklich geweckt hatte, schätzte ich

sein Alter. Meiner Meinung nach sah er wie Ende sechzig aus, das sagte ich ihm. Er meinte, dass meine Antwort seine Theorie beweisen würde, denn er sei schon dreiundachtzig Jahre alt.

Als der Friseur seine Arbeit beendet hatte, wollte der alte Mann sich nicht so recht trennen. Er verabschiedete sich mehrmals und betonte nochmals, dass sein Leben mit dem Wissen und dem Interesse an Tiefenpsychologie verlängert werde.
Ich wünschte ihm noch einen „guten Weg" und sah ihn durch die Tür gehen.

Der Friseur begann seine Arbeit an meinen Haaren und wir redeten noch eine Weile über den alten Kauz.
Der Friseur meinte, dass der alte Mann diese Geschichten schon seit Jahren erzählen würde und er war sich nicht ganz sicher, ob der alte Mann die Bücher gestern oder vor langer Zeit gelesen hätte. Denn einige Dinge klangen nach „alter Zeit".

Wir philosophierten noch eine ganze Zeit darüber, ob die Beschäftigung mit der Tiefenpsychologie und das vorhandene Wissen darüber wirklich das Leben verlängern würden.

Auf dem Rückweg wurde ich das Gefühl nicht los, dass der alte Mann mir etwas hatte sagen wollen. Noch wusste ich nicht, was.
Die Dinge, die er über Glauben, Wahrheit, Ehrlichkeit und Wissen gesagt hatte, erinnerten mich an den „alten Weg". Der „alte Weg" war mir nicht fremd. Ich verstand aber nicht, warum er sich so auf die Tiefenpsychologie versteifte. Sollte er im hohen Alter etwas durcheinander geschmissen haben?

Mein Tag ging weiter, doch der alte Mann verließ meine Gedanken nicht. Ich fragte mich, was er mir hatte sagen wollen. Ich dachte über die Dinge nach, die er gesagt hatte, und dass manches für mich ungeordnet erschien.

Oder hatte der alte Mann doch mit
den richtigen Augen gesehen, aber die
Dinge in falsche Worte gefasst?
Der Tag verging und ich dachte nach.
Urplötzlich und ganz am Rande sah
ich es auf einmal vor mir. Es war
denkbar einfach. So einfach, dass ich
es fast übersehen hätte.
Nun fielen mir auch Bezüge ein, ich
bin doch schon einmal daran erinnert
worden.
Der irische Film, seine Botschaft war
„die Kraft des Glaubens" an etwas.

Der alte Mann redete von
Tiefenpsychologie, beschrieb aber die
alte Suche der Druiden. Er wusste von
der Kraft des Glaubens, der Urkraft
der Hoffnung und der wärmenden
Umarmung der ursprünglichen
Wahrheit.
Der Glaube und die Suche nach der
Wahrheit, die ihn am Leben erhielt.

Der alte Mann lebte in einer weitaus
größeren Vergangenheit, als er sich
selbst bewusst war. Sein Glaube an die
alte Suche enthielt eine unheimliche

Energie, die ihn nicht einschlafen ließ.
Der Wille verlängerte sein Leben.

Der alte Mann sagte: „Die innere Uhr
verlangt die Ehrlichkeit".
Ich denke: „Sie lässt sich weder in
menschliche Grenzen zwingen, noch
belügen".

Der letzte Satz des alten Mannes war:
„Ich will doch noch so viel länger
leben".

Ein letzter Gedanke

Ich war lange unterwegs und der Weg
scheint kein Ende zu nehmen.

Der Weg scheint niemals ein Ende zu
zeigen.
Vielleicht ist das Streben nach dem
Ende, dem endgültigen Ziel, sogar ein
Teil des menschlichen Lebens.
Oft zeigen die Ereignisse im Leben ein
unfassbares Chaos.
Hinter all dem Chaos zeigt sich aber
immer eine Linie.

Chaos kann der Beginn von etwas
Neuem sein.
Veränderung ist der Beginn von
Wachstum.

Wachstum dauert nicht nur ein
einziges Leben.
Der Mensch setzt sich seine Grenzen
selbst.
Das geradlinige Denken der modernen
Zeit beschränkt seinen Geist.

Auch wenn es unglaublich erscheint,
der Mensch, der seine Augen schließt
und so zu sehen beginnt, lernt das
Wissen aus der längst vergangenen
Zeit zu verstehen.

Die Seele spricht zu dir, vielleicht
solltest du damit beginnen, sie zu
verstehen?

Und so bin ich weiter auf der Suche,
in Erinnerung an den alten Weg.

Herzen am Abgrund des Verstands

Herzen am Abgrund des Verstands
Doch die Zeit hat es gleich erkannt

Der Schatten eines Augenblicks
Eine Sekunde die nie verrinnt

Zeiten in denen wir Kinder -
und Zeiten in denen wir Erwachsene
sind

Ein Auge weint, doch das Andere
lacht -
und plötzlich freue ich mich wieder
auf die nächste Nacht

Ein Gedanke als Vagabund der Nacht
Ein Moment mit dir hat ihn dazu
gemacht

Was ist es?

Ist es die Zeit, die zwischen den
Fingern brennt,
oder ist es die Hoffnung, die das Tal
hinter dem Nebel nicht kennt?

Ist es ein Gefühl aus der Tiefe, vor
langer Zeit verloren, denn es durfte
nicht sein,
oder sind es Wünsche im Verborgenen
und das Schicksal sagt nein?

Wie ein Vergessen, welches für einige
Zeit ruhte um sich zu formen.
Damals nicht erkannt, aneinander
vorbei gerannt bis zur Stille des
Vergessens.
Jahre fliegen mit dem Wind. Der
Wind des Lebens formt nicht nur den
Baum, sondern auch den Menschen
und seinem größten Traum.

Verharren, wie unter einer Eisdecke,
warten auf den Moment. Wird es sie
geben?
Geben für mich? Das Herz sagt JA,
doch letztendlich weiß ich es nicht.

Gedanken die kreisen, wird sie so sein?
Mit einer tiefen Angst bleib ich allein.
Was wäre wenn, wenn der Zufall es so
gewollt hat, uns so zu machen wie wir
sind.
Dann Wege erschaffen, auf das die
Pfade sich treffen, wie an jenem Tag.
Was wird sein, frage ich mich, doch
letztendlich weiß ich es nicht.

Erinnerungen steigen auf. Erst zart
und sacht, wie aus einem Traum.
Nach und nach erinnere ich mich an
ihre Stimme, die mich damals schon
faszinierte.
An ein bezauberndes Lächeln, welches
damals schon meine Träume
inspirierte.
Doch das was ich dachte, durfte nicht
sein. Ein Teil meines Herzens fühlte
sich allein.

Leben in der Sekunde des Moments,
das Schicksal schlägt die Uhr.
Wird sie mich erkennen, oder sucht
sie mich nur?
Zwei Herzen auf der Reise ins Nichts,
wanken zwischen Vergangenheit und
jenem Moment.

Der jeden ängstigt, doch den jeder
kennt.

Doch die Hoffnung an das Glück trägt
jeden Tag und irgendwas in mir sagt,
dass sie mich mag...

Sehnsucht

Das Universum fällt aus den Fugen,
bei deinem Blick. Die Strahlen des
Morgens fängst du ein, da sah ich dich.
Doch was ohne Licht, doch was ohne
Licht sein wird, das wusste ich nicht.
Ich fragte den Himmel, die Sterne und
den Mond. Doch den Planeten
Einsamkeit habe ich niemals bewohnt.
Wäre ich ein Barde aus alter Zeit,
könnt ich die Worte finden, was uns
entzweit. Der Vollmond verband uns
einmal, du warst mir nicht weit. So
warte ich hier mit dem Rücken am
Stein. Ganz plötzlich weiß ich, meine
Sehnsucht, sie wird grenzenlos sein.
Die Tage und die Nächte, die Wüste
und das Meer. Immer sprach mein

Herz, du fehlst mir so sehr. Tage an
denen die Tränen nur siegen. Unsere
Träume, die Wünsche und
Hoffnungen, blieben an diesem Ort
liegen.

Schlusswort

Das Leben kann wie eine
Dünenlandschaft aus Kieselsteinen
sein. Chaotisch und wirr liegen nicht
nur Milliarden Kieselsteine vor
meinen Füßen, sondern auch
Milliarden kleinster Ereignisse und
Begebenheiten des Lebens. Jeder, der
schon einmal versucht hat einen Berg
von Kieselsteinen zu erklimmen, weiß
was ich meine. In den Gefühlswelten
ist es nicht anders. Der steinige Sumpf
lässt weder eine Richtung noch ein
Ziel erkennen. Wie ein Heimatloser
irrt man umher in der

Dünenlandschaft der unkontrollierbaren Welt der Gefühle. Manche suchen ein ganzes Leben lang nach der Heimat des Herzens und stellen am Ende fest, dass sie sie bereits gefunden,, aber nie beachtet haben. Der Aufstieg in dies Kieseldünen ist wie eine Akrobatiknummer im Zirkus, ein Schritt vor und zwei zurück. Es ist kein Wunder, wenn hier manche Menschen Geduld und Hoffnung verlieren. In meinen Augen wird ein oft zitiertes Sprichwort verkehrt herum gesehen   und oft sehe ich Falten auf den Stirnen der Menschen, wenn ich es herumdrehe, damit das Verborgene dahinter sichtbar wird.

„Erst stirbt die Hoffnung, dann der Mensch?"

Ich sehe die Hoffnung als elementaren Lebenswillen des Menschen an. Als größten Feind in Zeiten, wo man die Sonne am Himmel nicht mehr sehen kann? Die Hoffnung schafft Gewissheit, dass hinter dem Dunkel, wirklich die Sonne scheint. Das

schöne am Dunkel ist, es geht irgendwann vorbei, wenn man selbst dazu bereit ist, einen neuen Weg zu gehen. Das wäre ein Leben in völliger Glücksseeligkeit? Nein, ich meine kein Leben unter Drogen, sondern ein Leben ohne schlechte Erfahrungen, ohne einen dunklen Tag?
Würde man dieses Leben wirklich schätzen und verstehen können? Ist es nicht eher so, das alle Dinge sich in einer Art Ausgewogenheit darstellen, es gibt nicht nur das Glück. Es gibt nicht nur den Tag, nicht nur Hell, nicht nur den Sommer, nicht nur Mann (oder Frau) und es gibt nicht nur glückliche Tage. Letztendlich besteht die Harmonie im Vorhanden sein beider Dinge. Kennt man das Eine nicht, weiß man das Andere nicht zu schätzen.

Manchmal setzen sich die Kiesel des Lebensstrandes zu winzigern Bildern zusammen. Wir gehen darauf zu, um das Bild sehen zu können. Dann blicken wir über die Weite des Strandes, sehen eine Vielzahl von Bildern und erkennen, dass sie

Gemeinsamkeiten haben, dass sie
zusammengehören, dass sie Eins sind.
Wir gehen weiter und erkennen, dass
sich diese vielen kleinen Bilder vor
unseren Füßen wie ein Mosaik wie ein
Mosaik zu einem großen Bild
zusammensetzen. Ich reite wieder
durch die unwegsamen Landschaften
des Lebens um den Menschen neu zu
verstehen. Der Umgang mit Gefühlen,
Partnerschaft und Liebe ist ein
wichtiger Teil davon. Ein Teil der sehr
oft behandelt wird, als könne er wie
ein Weihnachtsgebäck im September,
ständig neu belebt werden.
Doch wie oft ist in einem Leben wahre
Liebe möglich? Oft stellt man fest,
wenn man nur sein Leben überdenkt,
dass dies letztendlich nur eiin einziges
mal der Fall war.

Vielleicht hat jeder Mensch nur
einmal die Chance der einzigen Liebe
zu begegnen. Vielleicht sollten wir
darauf achten diese Begegnung nicht
durch Unachtsamkeit und Egoismus
in Gefahr zu bringen. Und so bin ich
wieder unterwegs in den einsamen
Landschaften des modernen Lebens,

auf der Suche nach der vor langer Zeit verlorenen Herzhälfte. Meine treuen Begleiter Stine und Murphy an meiner Seite, werde ich den Weg zurück finden. Dorthin wo wir beide einst am Lagerfeuer unserer Gefühle gesessen haben. Dorthin, wo wir uns in die Augen sahen. Dorthin wo wir glücklich waren.

Dieses Buch ist gewidmet all denen, die sich auf einer Suche befinden, all denen die das Toben des Meeres zu erschlagen droht. All denen die weit hinter dem Meer die einsame Stimme noch hören. All denen, welche die Ursprünglichkeit der Seele noch suchen, die Kraft aus der unsichtbaren Welt der Gedanken. Wie ein waidwundes Reh treibt das Leben uns oft in eine dunkle Ecke, aus der es kein entrinnen zu geben scheint und wir sehen uns gezwungen zwischen Überleben und Zusammenbruch zu wählen. Unser Herz selbst schreckt in seinem Überlebenswillen hoch. Doch in diesen Zeiten sind die Sinne getrübt und vielleicht sind wir aber auch zu hart zu uns selbst, doch irgendwie müssen wir überleben, auch in der Einsamkeit und bleiben unserer Sehnsucht treu. Irgendwo dort draußen, in den unwegsamen Wäldern des Lebens wird sie sein, die vor langer Zeit verlorene Herzhälfte.

Es liegt an dir, dich auf den Weg zu machen und sie zu finden.

Widmung

Manch einer watet sein ganzes Leben
durch eine Dünenlandschaft aus
Kieselsteinen.
Chaotisch und wirr liegen nicht nur
Millionen von Kieselsteinen vor seinen
Füßen, sondern auch Millionen
kleinster Ereignisse und
Begebenheiten seines vergangenen
Lebens.
Der steinige Sumpf lässt weder eine
Richtung noch ein Ziel erkennen.
Wie ein Heimatloser irrt er umher in
der Dünenlandschaft des Lebens.
Das Toben des Meeres übertönt die
einsame Stimme in seinem Inneren.
Diese Stimme weiß von dem alten Weg,
jenem Weg, den jegliches Leben
unserer Natur gehen will. Aber er hört
sie schon lange nicht mehr.
Manchmal setzen sich die Millionen
Kiesel des Lebensstrandes erst zu
winzigen Bildern zusammen. Wir
gehen darauf zu, um das Bild sehen zu
können.

Dann blicken wir über die Weite des Strandes, sehen eine Vielzahl von Bildern und erkennen, dass sie Gemeinsamkeiten haben, zusammengehören, dass sie eins sind. Wir gehen weiter und erkennen, diese vielen kleinen Bilder vor unseren Füßen setzen sich wie ein Mosaik zu einem großen Bild zusammen.
Der moderne Mensch zwischen Selbstzweifel und Angst.
Und das Toben des Meeres verstummt und plötzlich können wir sie wieder hören.

Die Stimme aus unserem Inneren, die Stimme der Seele, die Stimme aus den Erfahrungen der Zeit.

Ich widme dieses Buch all denen, die in der steinigen Dünenlandschaft des Lebens stehen und suchen.
All denen, die das Toben des Meeres zu erschlagen droht.
All denen, die weit hinter dem Meer die einsame Stimme noch hören.
All denen, welche die Ursprünglichkeit der Seele suchen, die

Kraft aus der unsichtbaren Welt der
Gedanken.

Lange habe ich auf dich gewartet, nun
sei meine Liebe ewig dein.

Inhalt

Ein ganz „persönlicher" Steckbrief.

Name, Alter, Geburtsort,
Familienstand, Kinder, Beruf,
Karriere, Bildung, Sternzeichen,
Hobbys, persönliche Vorlieben. Alles
Dinge, die einen Menschen ausmachen,
oder etwa nicht?

Der Mensch versucht hier etwas, dass
er nicht versteht und nicht fassen
kann, in Bezugsgrößen und Namen zu
pressen, sich selbst. Der persönliche
Steckbrief, der Mensch, ein Leben,
wird hier in einige, wenige Zahlen und
Worte gefangen und in den bloßen
Schein des modernen Lebens gesperrt.
Es ist fasst so, als wolle man das
Universum in ein dunkles Verließ
sperren, um es dort besser beobachten

zu können. , In der Hoffnung, es
jemals besser zu verstehen. Der Geist
des Menschen lässt sich nicht in
Räume sperren und nicht in einige,
wenige Vokabeln pressen. Alles, was
meine Gegenwart darstellt, steckt in
meinen Gedanken und meinen
Worten.
Die Gedanken, ein unbekannter Ort
aus der Zeit, als alles begann. Im ewig
verwobenen Dreilang von Fühlen,
Erinnern und Hoffen, treffen auf
Vergangenheit, Gegenwart und
Zukunft.

Kein Steckbrief dieser Welt wird je
mein Wesen begreiflich machen
können. Meine Gedankenwährend
meiner Ausritte den Landschaften der
Seele, wenn meine Pferde Stine und
Murphy mich vom Gedankenmüll
dieser modernen Zeit wegtragen, die
Landschaften der Seele. Dort, wo das
Leben noch nach den Regeln der alten
Zeit abläuft, abseits aller Modernität
trifft die längst verstummte Stimme
des Lebens des Ichs in den
Vordergrund. Karriere, Wohlstand,
Prestige, Luxus und Selbstdarstellung

werden zu den unwichtigsten Dingen im Leben. Was bleibt? Ein Mensch, ein Tier, die Natur, eine tiefe Verbundenheit wird greifbar.
Was sind dagegen schon Zahlen, oder die eingesperrten Begrifflichkeiten eines Steckbriefs? Mein Ich steckt in meinen Gedanken, meinen Erinnerungen, meinen Worten, meinen Texten. Wer dort ein wenig tiefer forscht, wird einiges über mich erfahren können. Und so bin ich wieder auf der Suche n den einsamen Landschaften der Seele.

Michael Riedel

Impressum

Bibliografische Information der Deutschen
Nationalbibliothek: Die Deutsche
Nationalbibliothek verzeichnet diese
Publikation in der Deutschen
Nationalbibliografie; detaillierte
bibliografische Daten sind im Internet über
dnb.dnb.de abrufbar.

© 2020 Michael Riedel
Herstellung und Verlag: BoD – Books on
Demand, Norderstedt
ISBN: 978-3-7519-6751-8